KB188803

구 약

|

소예언서 편

52주 책별 성경공부 | 성경나무 기르기 제6권 |

[구 약] 소예언서 편

지 은 이 · 노영상
펴 낸 이 · 성상건
편집디자인 · 자연DPS

펴 낸 날 · 2023년 12월 7일
펴 낸 곳 · 도서출판 나눔사
주   소 · (우) 10270 경기도 고양시 덕양구 푸른마을로 15
           301동 1505호
전   화 · 02)359-3429   팩스 02)355-3429
등록번호 · 2-489호(1988년 2월 16일)
이 메 일 · nanumsa@hanmail.net

ⓒ 노영상, 2023

ISBN 978-89-7027-919-0 03230

값 5,000원
잘못된 책은 바꾸어 드립니다.

52주 책별 성경공부 |성경나무 기르기 제6권|

구 약

ǀ

소예언서 편

노영상(바이블아카데미 총장) 저

나눔사

목 차

영락교회 김운성 목사(사단법인 한국미디어선교회 이사장)

　노영상 바이블아카데미 총장의 성경 공부 시리즈 책의 발
간을 축하드립니다. ㈜한국미디어선교회 바이블아카데미의
총장으로 있으며 본 성경 공부 시리즈를 출간하게 되어 나름
큰 의의가 있다고 생각합니다. 바이블아카데미는 1982년에
설립되어 41년 동안 꾸준히 활동해온 전통 있는 온라인 성경
공부를 위주로 하는 기관입니다. 특히 지난 3년여간 코로나19
의 힘든 시절을 겪으며 한국교회가 예배의 모임도 어려운 시
기를 지나면서, 온라인으로 이런 한계상황을 극복하려 노력하
였습니다. 이러한 때 바이블아카데미의 온라인 성경공부가 한
국교회에 작은 힘이 되었는바, 교회에서의 모임들이 어려웠지
만 집에서 성경을 공부하는 기회를 만들어주기도 했습니다.
　지난 동안 본 기관은 온라인 성경공부 위주로 성경공부를
활성화하는 일에 노력하였는데, 앞으로는 성경공부를 보다 다
양하게 할 수 있도록 준비하는 중입니다. 이전까지는 주로 온

라인 성경공부에 치중하였지만 최근 들어 오프라인 성경공부 과정도 마련하였습니다. 제가 담임목회자로 있는 영락교회의 50주년기념관에서 한국의 저명 신학자들과 함께 하는 성경공부를 하고 있는데, 매주 성경의 한 권씩 마스터하는 과정입니다. 임석순 목사, 최원준 목사, 노영상 총장, 조병호 원장, 왕대일 교수, 송태근 목사, 최재덕 원장, 류호준 교수, 송병현 교수, 차준희 교수, 강성열 교수, 조광호 교수 등이 강사로 참여하고 있는 본 강좌는 오늘의 시대에 있어 가장 무게감 있는 성경공부 모임일 것이라 생각합니다. 현재 진행 중인 이 공부의 내용을 동영상으로 만들어 기존의 온라인 성경공부와 함께 다른 한 세트의 성경공부를 준비 중에 있는데 많은 관심을 부탁드립니다.

다음으로 본 기관에선 성경공부를 위한 책들의 발간을 기획하는 중이며, 그의 일환으로 본 책을 내놓게 되었습니다. 나눔사에서 성경공부 교재로서 노영상 총장의 『성경나무 기르기』 시리즈들이 계속 출간할 예정인데 앞으로 10권까지 기획하는 중입니다. 이 책은 성도들이 그룹으로 공부하기 편리하게 편집된 책으로 많은 교회에서 사용되길 바라고 있습니다.

마지막으로 본 기관에선 목회자들과 평신도들이 성경을 재미있게 이해할 수 있도록 돕는 웹진과 독자적 성경공부를 위한 웹사이트를 만들어 스스로 성경 연구를 할 수 있는 역량을 길러 주려는 기획을 하고 있습니다. 미국에서 만들어진 이런 계통의 많은 웹사이트들이 있는데, 이를 참조하고 링크하여 독자적 성경공부가 가능할 수 있도록 하려는 것입니다.

저희 바이블아카데미는 오늘의 한국교회를 새롭게 하는 데에 있어 가장 중요한 것이 성경으로 돌아가는 것이라 생각하고 있습니다. 이단이 난무하고 세상이 어지러워질수록 성경만이 이런 혼돈에서 우리를 구출할 수 있습니다. 이에 성경이 말하려는 핵심이 무엇인지를 쉬이 깨달을 수 있도록 우리를 잘 인도할 수 있는 책이 필요한데, 이 『성경나무 기르기』가 그러한 역할을 할 수 있는 책들 중 하나라 생각합니다. 한국교회는 성경을 파들어가는 사경회의 전통에서 성장한 교회입니다. 다시 한번 성경에 천착하는 교회가 됨으로 우리 교회의 밝은 미래를 바라볼 수 있으면 합니다.

<공부방법 소개>

    본 책의 제목은 『52주 책별 성경공부: 성경나무 기르기』이다. 나무 한 그루를 정성껏 키우듯, 성경의 각 책들을 52주에 나누어 배울 수 있도록 구성한 책이다. 이 책은 성경의 각 책들을 다음의 구성을 통해 정리하였다.

1) **씨알 고르기**: 씨알 고르기 및 씨 뿌리기의 이 단계는 각 책의 요절과 주제를 찾는 작업이다.

2) **뿌리 내리기**: 위에서 검토된 주제를 신학적으로 심화하는 작업이다. 주제에 대한 깊이 있는 반성이 이 부분에서 수행되어질 것이다.

3) **줄기 세우기**: 이 부분은 성경의 각 책들에 대한 문단 나누기로 구성되어 있다. 주제에 따른 전체 흐름의 전개를 정리한 부분이다.

4) **가지 뻗기**: 기본 줄기에서 발전된 문제들과 파생된 지류들을 이 부분에서 검토할 것이다.

5) **꽃으로 피어나기:** 각 책에서 가장 클라이맥스가 되는 장면 또는 구절을 소개하는 부분으로 각 성경의 책들이 우리에게 주는 핵심 메시지를 다시 정리하였다.

6) **열매 맺기:** 이 부분에서는 위의 내용을 우리의 실생활에 적용하는 측면을 다룰 것이다.

7) **열매 나누기:** 위의 성경공부 내용을 음미하고 기도하는 부분이다. 5개의 질문을 통해 서로 논의하는 시간을 가질 수 있게 하였다.

8) **참고문헌:** 각 책을 공부하는 데에 있어 요긴한 국내 참고문헌 3-4권, 외국 참고문헌 3-4권씩을 마지막에 소개하였다. 석의적인 주석책들보다는 신학적 주석책들을 선호하였다. 더 깊은 연구를 위해 참고가 될 것이다. 이곳의 참고문헌들은 대부분 장로회 신학대학교의 도서관에서 찾을 수 있다

9) **기타 물주기, 비료 주기, 햇볕 받기:** 나무가 열매를 맺으려면 씨만 있으면 되는 것이 아니다. 씨가 뿌려지는 토양, 하늘의 비와 햇빛 그리고 때에 맞은 손질과 비료 주기 또한 필요하다. 우리의 상황과 그에 따른 경험에 대한 분석, 성령의 영감, 여러 주석 및 다른 서적들에 대한 참조, 관련 신학적 주제들에 대한 연구 등은 우리의 성경공부를 더욱 풍성하게 할 것이라 생각한다.

필자는 본 성경연구에서 그 책들과 성경의 저자들의 장황한 역사적 배경과 삶의 자리에 대한 설명을 하지 않았다. 오히려 현재의 모습으로 완결된 정경이 오늘을 사는 우리에게 주는 의미가 무엇인가 하는 문학비평적 입장을 중시하였다. 또

한 필자는 성경을 읽고 연구하면서 가급적 그 책에 대한 선입견을 버리고 백지의 상태에서 성령의 도움을 바라며 성경을 읽으려 하였다. 나의 생각을 성경 속에 주입하는 것이 아니라, 성경이 말하는 바를 듣는 자세로 성경을 꼼꼼히 읽은 결과가 본 책이다.

먼저 성경 각 책의 주제를 추려낸 후 저자들이 그 주제를 각 성경의 책들에서 어떻게 전개하였는가를 검토하는 것에 본 책의 주안점을 두었다. 물론 각 책을 위해 설정된 주제에 대해 의견을 달리할 수도 있을 것이라 생각한다. 이에 이 책의 내용이 다양한 주제의 가능성을 어느 한 시야로 고정하는 것이 아닌가 하는 우려도 없는 바는 아니다.

또한 뒤에 몇몇의 참고문헌 목록을 덧붙였다. 지난 수십여 년간의 한국의 신학대학들에서 성경의 각 책들에 대해 연구한 석박사 학위논문들이 그 안에 많이 포함된 것을 볼 수 있을 것이다. 물론 이러한 모든 참고문헌들을 필자가 충분히 읽은 것은 아니며, 다만 필자가 각 책에서 논의하는 방향에 도움이 되는 자료들이므로 게재한 것이다. 그 참고문헌 중에 포함된 주석들 중에는 필자가 각 책에 있어 가장 중요하다고 생각하며 좋아하는 주석 한두 개 정도가 실려 있다. 나로서는 그 책들의 베스트 주석이라고 생각하는데, 다른 사람들의 의견은 어떨지 모르겠다. 노력하는 성경공부반이라면 위의 참고문헌의 자료들을 몇몇이 나눠 세미나를 통해 발표해가며, 필자의 의견과 비교하면서 성경공부를 해나가면 더욱 유용한 결과를 얻을 수 있을 것이라 생각한다.

본 책을 공부할 땐 먼저 지도자의 설명을 포함하여 1시간 정도 함께 읽고 난 후, 30-40분 정도 시간을 내어 서로 토의하면 좋을 것이다. 강의 시 괄호 속의 성경 구절들을 성경을 펴서 함께 읽으면 공부가 더 효과적일 것이다. 토의 시엔 '열매 나누기' 부분의 토의안들을 참조할 수 있겠다. 토의는 각 조로 나누어 하면 효율적일 것이라 본다. 6-7명 정도가 한 조가 되어 30-40분간 각 구성원이 3번 이상 말할 기회를 가질 수 있으면 좋겠다. 1년간 매주 성경공부를 하며 그 주간에 공부하는 책들을 한주 앞서 통독하고 오면 성경공부에 도움이 될 것으로 보며, 그렇게 함으로 1년에 한 번의 성경통독을 할 수 있는 기회를 갖게 될 것이다.

이 책은 미국의 아틀란타연합장로교회, 광주기독병원, 영락교회 대학부, 동신교회 청년3부에서의 성경공부 결과로 만들어진 것이다. 처음에 했던 미국에서의 성경공부는 30년이 지났는바 세월의 무상함을 느낀다. 지난 동안 성경공부에 참석하여 함께 하나님의 말씀을 나누었던 많은 분들께 감사의 말을 전하고 싶다.

성경은 나의 일생의 동반자였다. 필자는 성경 속에서 삶을 배우고, 지혜를 얻었으며, 위로를 찾았었다. 그간 필자에게 큰 힘이 되었던 성경에 대한 연구를 이 같은 작은 책으로나

마 엮어 함께 은혜를 나누게 된 것을 기쁘게 생각한다. 이 책은 2002년 예영커뮤니케이션에서 앞서 출간된 적이 있었는데, 20년이 지나 수정할 부분도 상당히 있어 개정한 다음 분책하여 다시 내놓게 되었다. 앞 책에 대한 전면 개정판으로 보면 될 것이다. 이 책이 초신자 및 신학생들의 성경공부와 기타 여러 성경공부반을 위한 교재로 두루 쓰인다면 그것은 필자의 커다란 기쁨일 것이다. 마지막으로 이 책의 출간을 허락하여 주신 나눔사의 성상건 대표님께 심심한 감사의 말을 전하며 앞머리의 글을 가름한다.

2023년 11월 명일동 우거에서

노영상

호세아

결혼 언약 가운데 있는
하나님과 북왕국 이스라엘

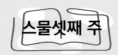

호세아: 결혼 언약 가운데 있는 하나님과 북왕국 이스라엘

　예언자 호세아는 북왕국 이스라엘이 하나님과 결혼하고도 다시 바알숭배를 함으로써 결혼의 언약이 파기되었음을 비판하였으며, 그에 대한 심판을 경고하였다. 그러나 이러한 결혼의 파약이 회복되어 이스라엘에게 평화가 다시 임하게 됨을 호세아서는 강조한다. 우상을 숭배하는 것은 일종의 간음하는 행위와 같으며 그러한 행위엔 벌이 따르게 마련이지만, 처벌받을 수밖에 없는 음행한 신부 이스라엘을 하나님은 그의 사랑과 은총을 통하여 속하심을 호세아서는 말한다. 호세아서는 결혼 언약-언약 위반-언약 위반에 대한 처벌-용서와 회복을 통한 결혼 언약의 갱신을 기본된 구조로 말하고 있다. 이에 있어 호세아의 이전 자기 부인이었던 창기 고멜과의 재결합은 역겨운 일이지만 하나님의 온전한 사랑을 말함과 동시, 예수 그리스도를 통한 하나님의 구원을 예표한다. 완전히 타락하여 하나님 백성 되길 거부한 이스라엘을 품으시는 것처럼, 예수 그리스도께서는 죄악된 이 땅에 우리를 구원하시기 위해 오신 분이시다. 그는 우리의 죄를 다 걸머지고 십자가에 돌아가시는데, 그것은 호세아가 음녀 고멜을 품는 것보다 더 거룩한 일이었다.

1. 씨알 고르기

1) 요절　　호세아 11장 8-9절

"에브라임이여 내가 어찌 너를 놓겠느냐 이스라엘이여 내가 어찌 너를 버리겠느냐 내가 어찌 너를 아드마 같이 놓겠느냐 어찌 너를 스보임 같이 두겠느냐 내 마음이 내 속에서 돌이키어 나의 긍휼이 온전히 불붙듯 하도다. 내가 나의 맹렬한 진노를 나타내지 아니하며 내가 다시는 에브라임을 멸하지 아니하리라 이는 내가 하나님이요 사람이 아님이라 네 가운데 있는 거룩한 이니 진노함으로 네게 임하지 아니하리라."

2) 주제: 결혼 언약 가운데 있는 하나님과 북왕국 이스라엘(에브라임)

2. 뿌리 내리기

고대 근동지역의 신들은 일종의 풍요를 약속하는 풍요신(fertile gods)들이었다. 바알은 농경신이고 아세라는 생산신이다. 이 신들은 모두 잘 사는 것과 다산을 보장하는 신들이다. 이와 같이 우상은 인간의 탐욕이 투영된 것으로서 탐심은 우상숭배라고 바울은 정의한다(골 3:5). 이러한 신들의 숭배는 풍요제의

17

로 이어지며, 그 풍요제의 중에는 '거룩한 결혼'(성혼, 그리스어로 '히에로스 가모스')의 의식이 포함되었었다. 거룩한 결혼의 의식은 신들의 결혼으로서 메소포타미아 지역의 두무지와 이난나, 이집트 지역의 오시리스와 이시스, 가나안 지역의 엘과 아세라, 남성신 바알과 여성신 아낫 사이의 성적인 결합이 '거룩한 결혼 의례'의 중심을 이뤘다.

아울러 근동의 종교에서 야웨-아세라의 결합이라는 혼합주의적 모습으로 나타나기도 하였는데(신명기 16:21, 왕하 21:7, 23:6-7), 이러한 성적인 결합이 그림과 조각, 또는 상징물과 일종의 드라마를 통해 표현되기도 하였다. 남근은 상징하는 돌을 대지 위에 세우기도 하였으며, 남신(왕)과 땅을 상징하는 여사제(priestess) 또는 신전 창기(temple prostitute)가 실제 성적인 결합의 드라마를 펼쳐 보임으로 풍요와 다산의 개념을 상징하였던 것으로, 이러한 풍요제의는 신전 창기 제도를 통해 일상화 되어졌었다(호 4:14). 남자들은 신전에 들어와 언제든 여성과 성관계를 가지며 다산과 풍요의 의미를 만끽하고자 하였던 것이다.

호세아 4장 17-18절, "에브라임이 우상과 연합하였으니 버려 두라. 그들이 마시기를 다 하고는 이어서 음행하였으며 그들은 부끄러운 일을 좋아하느니라." 이 말씀에서와 같이 이스라엘 백성들은 우상숭배 후, 술을 마시고 신전 창기들과 관계를 가지는 것을 하나의 종교적 제의로 생각하였던 것이다. 이에 있어 호세아에 나오는 고멜은 일종의 신전 창기로서 이러한 풍요제의의 부속물의 역할을 하던 자였던 것 같다. 그러므로 이스라엘의 우상숭배와 고멜의 음행은 당시 종교적인 면에서 깊은 관계가 있었다. 바알은 '주님'이란 뜻의 단어로 하나의 신이면서도, 또 다른 면에선 남편과 같은 존재로 불려졌던 것이다(호 2:16).

이와 같이 호세아는 근동지역의 신들 사이의 결혼 의례를 비판하면서, 야웨의 신은 완전하시며 유일하신 절대신으로 여신을 필요로 하지 않으심을 말한다. 그러므로 야웨 종교는 남신과 여신의 성적인 결합과 같은 상징이 필요 없다. 이에 호세아는 신전 창기와의 성관계를 중심으로 하는 바알 종교에 깊이 빠진 이스라엘 백성들을 신랄히 비난하였으며 그로부터 돌이킬 것을 주장하였던 것이다(호 4:11-14).

3. 줄기 세우기

장	주제	장절	소주제
1-3장	호세아의 아내 고멜이 신전 창기가 된 것을 그가 아내로 다시 데려오는 개인사를 통해 하나님과 이스라엘의 회복되는 관계로 재해석하다.	1:1-2:1	호세아가 신전 창기였던 고멜을 아내로 맞이하여 두 아들과 한 명의 딸을 낳음
		2:2-23	음란한 고멜을 우상숭배하는 이스라엘에 비유하고 그 백성들에게 긍휼을 베푸실 것을 약속함
		3:1-5	창기가 된 고멜을 호세아는 값비싼 대가를 치루고 다시 데려옴

장	주제	장절	소주제
4-14장	3장까지의 개인사가 음란한 이스라엘 백성과 용서하시는 하나님의 모습으로 확대되어, 4-14장엔 국가적 메시지로서 9편의 예언 선집이 실려져 있다. 이 예언 선집에서 호세아는 이스라엘과 유다왕국이 그들의 우상숭배와 범죄 및 강대국과 왕권을 의지하는 것에 의해 패망할 것이나, 사랑의 하나님께서 그들에게 은혜를 베푸셔서 회복할 것이므로, 회개하여 하나님께 돌이킬 것을 강조하였다.	4:1-5:4 첫째 예언	서언: 이스라엘의 우상숭배와 범죄의 타성화를 지적하며 심판을 경고하고 (핵심 구절 호 4:1-3), 제사장들의 책임 유기를 비판함
		5:5-6:3 둘째 예언	왕국의 타락: 북왕국 이스라엘과 남왕국 유다가 우상숭배와 음행과 죄악으로 패망할 것이나, 뉘우치면(회개하면) 하나님께서 낫게 하실 것임(호 5:5-6,15)
		6:4-7:7 셋째 예언	백성들의 죄악상: 여러 범죄들과 불성실한 회개로 인한 심판의 불가피성을 말함(하나님에 대한 무지, 언약을 어김, 살인, 노략질, 간음, 마음의 간교함)
		7:8-8:14 넷째 예언	정치적 간음: 강대국을 의지하여 여호와를 부르지 아니함, 하나님에 뜻에 반하여 왕정을 세움, 우상숭배, 죄로부터의 돌이킴이 없는 제사, 왕궁과 견고한 성을 자랑하는 이스라엘을 심판하실 것임
		9:1-17 다섯째 예언	도덕적 배교행위: 여호와와 그의 사랑을 떠난 바알 숭배, 파수꾼의 사명을 져버린 예언자와 백성들의 부패, 반역자와 같은 지도자들로 인해 심판하실 것임
		10:1-15 여섯째 예언	온 백성이 포로로 끌려갈 것임: 백성의 신앙 변질과 우상숭배, 불의한 재판, 사람의 힘을 의지함을 비판하면서, 이로 인해 모든 백성이 노예가 되는(호 10:9-11) 심판이 있을 것이므로 회개하여야 함을 강조함(호 10:12)

장	주제	장절	소주제
4-14장	3장까지의 개인사가 음란한 이스라엘 백성과 용서하시는 하나님의 모습으로 확대되어, 4-14장엔 국가적 메시지로서 9편의 예언 선집이 실려져 있다. 이 예언 선집에서 호세아는 이스라엘과 유다왕국이 그들의 우상숭배와 범죄 및 강대국과 왕권을 의지하는 것에 의해 패망할 것이나, 사랑의 하나님께서 그들에게 은혜를 베푸셔서 회복할 것이므로, 회개하여 하나님께 돌이킬 것을 강조하였다.	11:1-12:14 일곱째 예언	앗수르에 의해 멸망할 것임: 여호와께서 백성을 사랑하였음에도 불구하고 바알을 숭배함으로 앗수르에 의해 멸망할 것임, 저울을 속이고 거짓과 포학으로 인해 예전 출애굽 후 광야 생활로 회귀하게 할 것임(호 12:9), 그러나 은혜와 회복에 대해 약속하며 회개를 촉구하심(호 12:6)
		13:1-16 여덟째 예언	헛된 우상숭배와 세속 왕정에 대한 비판: 헛된 우상으로 인한 에브라임(북왕국 이스라엘)의 패망 경고, 그들을 도와주고 보호한 하나님을 대적하고 세속 왕정을 주장한(호 13:9-11) 그들에게 총체적 난국이 임할 것임을 경고함.
		14:1-9 아홉째 예언	결어: 불의로 엎드려진 백성들의 회개를 권고하며, 그때 하나님께서 다시 회복하실 것임을 말함, 이에 예언을 마음에 새겨 지킬 것을 강조함

4. 가지 뻗기

호세아는 자신과 음행한 부인인 고멜과의 관계를 야웨 종교의 입장에서 비판 변형하여 새롭게 해석한다. 곧 야웨 하나님을 신랑으로 하며 언약의 객체인 이스라엘 백성을 신부로 하는 결혼 은유의 출현이다. 호세아는 야웨 하나님과 이스라엘 사이의 언약을 결혼의 언약으로 해석하며, 호세아서는 결혼 언약-언약 위반-언약 위반에 대한 처벌-용서와 회복을 통한 결혼 언약의 갱신을 기본된 구조로 말하고 있다. 결혼-음행-처벌-재혼(호 3:1, 11:8-9)의 구조다.

> 에브라임이여 내가 어찌 너를 놓겠느냐 이스라엘이여 내가 어찌 너를 버리겠느냐 내가 어찌 너를 아드마 같이 놓겠느냐 어찌 너를 스보임 같이 두겠느냐(아드마, 스보임은 가나안 골짜기의 다섯 성읍 중에 속한다.) 내 마음이 내 속에서 돌이키어 나의 긍휼이 온전히 불붙듯 하도다. 내가 나의 맹렬한 진노를 나타내지 아니하며 내가 다시는 에브라임을 멸하지 아니하리라 이는 내가 하나님이요 사람이 아님이라 네 가운데 있는 거룩한 이니 진노함으로 네게 임하지 아니하리라(호 11:8-9).

호세아는 북왕국 이스라엘이 하나님과 결혼하고도 다시 바알숭배를 함으로써 결혼의 언약이 파기되었음을 비판하였으며(호 1:2), 그에 대한 심판을 경고하였다(호 2:8-13). 그러나 이러한 결혼의 파약이 다시 회복되어 이스라엘에게 평화가 다시 임하게 됨을 호세아서는 강조한다(호 2:14-23). 하나님을 숭배하는 대신 우상을 숭배하는 것으로서의 종교적 간음(호 11:2), 하나님을 의지하는 대신 강대국에 의존하는 것으로서의 정치적 간음(7:1-7), 왕정으로서의 인간의 통치를 하나님의 통치와 맞바꾸는 것(호 13:9-11), 도덕적 타락으로서의 도덕적 배교(9:1-9) 등은 간음하는 행위와 같은 것으로 그러한 행위엔 벌이 따르게 마련이지만, 처벌받을 수밖에 없는 음행한 신부 이스라엘을 하나님은 그의 사랑과 은총을 통하여 속하심을 호세아서는 말하고 있다.

호세아 1장 2절은 여호와께서 호세아('구원'이란 뜻)에게 이스라엘이 음란하였지만 속하신 것 같이, 그도 가서 창기 고멜('이루심'이란 뜻)과 결혼하여 아이를 낳을 것을 말한다. 이 명령은 어떤 입장에서 볼 때 호세아 선지에겐 역겨운 일이 될 수 있다. 창기가 된 고멜도 문제지만 그 창기와 결혼하여 아이를 낳는 것도 거룩한 사람에게 있선 쉬운 일이 아니다. 이 둘은 결혼하여 두 아들과 한 명의 딸을 낳게 되는데, 아들의 이름은 이스르엘('하나님의 흩으심'이라는 뜻)과 로암미('내 백성이 아니다')이며 딸의 이름은 로루하마('긍휼이 여김을 받지 못하는 자')였다.

호세아 1장 5절 "이스르엘의 골짜기에서 이스라엘의 활을 꺾으리라." 이 본문은 이스라엘과 이스르엘의 대비한다. 이스라엘은 '하나님의 승리'라는 뜻을 가지는 반면, 이스르엘은 '하나님의 흩으심'이란 뜻을 갖는 단어다. 이스르엘 골짜기는 예후가 아합 집안을 멸족시킨 살육의 장소로, 북왕국 이스라엘을 살육하시겠다는 하나님의 의지가 그 단어 속에 담겨있다.

호세아서는 이스라엘의 타락에 대한 하나님의 결정적 심판의 내용들을 여기저기 담고 있는데, 이러한 심판의 궁극을 호세아 3장 4절은 다음과 같이 말하고 있다. "이스라엘 자손들이 많은 날 동안 왕도 없고 지도자도 없고 제사도 없고 주상도 없고 에봇도 없고 드라빔도 없이 지내다가." 이 본문에선 지도자, 제사, 주상, 에봇, 드라빔이 없는 시대를 언급한다. 여기서 지도자가 없다는 말은 정부나 왕의 통치의 부재를 말하며, 제사나 주상(기둥)이 없다는 말은 종교적 제사로서의 종교 체제의 부재를 언급하고, 에봇과 드라빔이 없다는 말은 미래의 사건을 알아내는 신탁이 없는 것을 각각 말한다. 위의 구절을 보면 '많은 날 동안'이란 어구가 나오는데, 그 말은 이스라엘의 포로기인 70년을 언급하는 말로 생각된다. 결국 이 본문의 말은 하나님의 심판에 의해 이스라엘 백성들이 바벨론의 포로가 되어 오랜 동안을 지나게 될 것임을 언급한다고 볼 수 있다.

이에 있어 호세아의 이전 자기 부인이었던 창기 고멜과의 재결합은 위와 같이 심판할 수밖에 없는 하나님의 온전한 사랑을 말함과 동시 예수 그리스도를 통한 하나님의 구원을 예표한다. 완전히 타락하여 하나님의 백성 되길 거부한 이스라엘을 품으시는 것처럼, 예수 그리스도께서는 죄악된 이 땅에 우리를 구원하시기 위해 오신 분이시다. 그는 우리의 죄를 다

걸머지고 십자가에 돌아가시는데, 그것은 호세아가 음녀 고멜을 품는 것보다 더 어려운 일이었을 것이다.

특히 호세아서의 내용은 신약성경에서 상당히 많이 인용된다. 호세아 1장 10절(롬 9:25-27, 고후 6:18), 2장 18절(롬 8:21), 2장 23절(롬 9:25-26, 벧전 2:10), 6장 2절(고전 15:4), 6장 6절(마 9:13, 12:7), 10장 8절(눅 23:30, 계 6:16), 11장 1절(마 2:14-15), 13장 14절(고전 15:55), 14장 2절(히 13:15) 등이다. 이상에서 보는대로 호세아서는 다른 어떤 소예언서보다 신약의 내용과 연결되는 구절들이 많다.

그러므로 우리는 호세아서를 해석하며 예수 그리스도의 십자가에 의한 속죄론과 연관됨을 고찰할 필요가 있다. 우리는 호세아서에서 하나님의 사랑의 감화를 통해 인간이 속죄되는 모습을 보게 되며(호 2:23), 호세아의 고통을 통해 인간이 그 죄로 받아야 할 형벌을 대신 지시는 그리스도의 모습을 깨닫게 되고(호 1:3), 인간이 받아야 할 진노와 형벌을 대신 지시고 하나님의 공의를 만족시키신 그리스도의 속죄를 배우게 된다(호 11:8-9, 14:4). 이에 있어 호세아서의 백미는 3장에 나타나는데, 이 본문에서 하나님께서는 결혼 관계에 있는 고멜이 다른 남자와 간통한 것을 용서하여, 그녀를 위해 속전을 내고 다시 데려올 것을 말하고 있다. 우리는 이 말씀을 통해 인간이 치루어야 할 대가를 대신 져주셔서 대속물이 되신 예수 그리스도의 사랑을 깨닫게 된다.

> 여호와께서 내게 이르시되 이스라엘 자손이 다른 신을 섬기고 건포
> 도 과자를 즐길지라도 여호와가 그들을 사랑하나니 너는 또 가서 타
> 인의 사랑을 받아 음녀가 된 그 여자를 사랑하라 하시기로, 내가 은
> 열다섯 개와 보리 한 호멜 반으로 나를 위하여 그를 사고, 그에게 이
> 르기를 너는 많은 날 동안 나와 함께 지내고 음행하지 말며 다른 남
> 자를 따르지 말라 나도 네게 그리하리라 하였노라(호 3:1-3).

호세아 1장 11절은 "한 우두머리를 세우고 그 땅에서 올라
오리니 이스르엘의 날이 클 것임이로다."라고 한다. 여기에서
의 새 우두머리는 예수 그리스도를 지칭하는 것으로 이스라엘
은 망하나 새로운 지도자가 일어나 살육의 장소였던 이스르엘
을 큰 축복의 장소로 변화하게 하심을 언급한다. 호세아 3장 4
절에 이스라엘 백성들이 그들의 왕 다윗을 찾겠다는 말을 하
는데, 이 본문은 다윗의 자손으로 오시는 예수 그리스도를 찾
음을 언급하는 말로 이러한 본문들을 예수 그리스도를 통한
대속의 사역를 암시하고 있다.

호세아 2장 15절은 이스라엘을 해방하여 아골 골짜기가 소
망의 문이 되게 하겠다고 한다. 여기서 아골 골짜기는 출애굽
다시 아이성 공략 때 아간이 처형당한 곳으로 살육과 죽음의
골짜기였는데, 하나님께서는 이러한 절망의 땅을 소망의 땅으
로 바꾸시겠다고 말씀하신 것이다.

5. 꽃으로 피어나기

이 같은 이스라엘의 구원은 인간의 힘으로 되는 것이 아니며 하나님의 역사하심에 의해 가능한 것임을 호세아서는 말한다. 호세아란 이름의 뜻은 '구원'으로서 그 구원은 하나님으로부터 비롯된다는 것이다. 그것은 이스라엘의 행위에 따른 것이 아니며, 하나님의 사랑에 따른 일방적인 것이다. 호세아 1장 7절의 말씀이다.

> 그러나 내가 유다 족속을 긍휼히 여겨 그들의 하나님 여호와로 구원하겠고 활과 칼이나 전쟁이나 말과 마병으로 구원하지 아니하리라 하시니라

호세아는 신전 창기였던 고멜과 결혼(호 1:2)-고멜이 다시 타락-호세아가 고멜을 다시 사랑하여 취함(호 3:1)이란 구조를 통해 하나님의 은총을 나타내고자 했다. 이에 있어 호세아 6장 1-6절은 은총의 하나님을 아는 지식이 필요함을 말하고 있다.

> 오라 우리가 여호와께로 돌아가자 여호와께서 우리를 찢으셨으나 도로 낫게 하실 것이요 우리를 치셨으나 싸매어 주실 것임이라. 여호와께서 이틀 후에 우리를 살리시며 셋째 날에 우리를 일으키시리니 우리가 그의 앞에서 살리라. 그러므로 우리가 여호와를 알자 힘써 여호와를 알자 그의 나타나심은 새벽빛 같이 어김 없나니 비와 같이,

땅을 적시는 늦은 비와 같이 우리에게 임하시리라 하니라. 에브라임아 내가 네게 어떻게 하랴 유다야 내가 네게 어떻게 하랴 너희의 인애가 아침 구름이나 쉬 없어지는 이슬 같도다. 그러므로 내가 선지자들로 그들을 치고 내 입의 말로 그들을 죽였노니 내 심판은 빛처럼 나오느니라. 나는 인애를 원하고 제사를 원하지 아니하며 번제보다 하나님을 아는 것을 원하노라(호 6:1-6).

"이 땅에는 진실도 없고 인애도 없고 하나님을 아는 지식도 없고, 오직 저주와 속임과 살인과 도둑질과 간음뿐이요 포악하여 피가 뒤를 이음이라"(호 4:1-2). 아울러 호세아 4장 6절의 말씀은 이스라엘 백성이 하나님에 대한 지식이 없어 망하게 됨을 말한다. 이와 같이 호세아서는 '하나님을 아는 지식'의 중요성을 강조한다(호 5:4, 6:3, 6:6). 특히 호세아 6장 6절의 말씀은 제사보다 하나님의 아는 지식의 중요성에 대해 언급하는데, 여기서 안다라는 말의 히브리어 어근은 '야다'로서 하나님에 대한 총체적 경험을 뜻한다. 그분과의 긴밀한 영적 관계의 중요성을 언급하는 말이다. 그것은 하나님을 형식적으로 아는 것이 아니라 진정한 마음으로부터 하나님을 믿는 것을 의미하는 것으로, 하나님 경외의 신실함과 진정성을 중시하는 말이다.

6. 열매 맺기

호세아서의 배경이 되는 시대는 북왕국 이스라엘의 여로보암 2세 때이다(호 1:1). 이 시대는 이스라엘이 잘 나가던 때로서, 그러한 태평성대의 시대에 이스라엘은 타락하는 길을 걷게 되었던 것이다(호 4:7). 그러므로 우리는 모든 일이 잘 되고 평안할 때, 경성하여 주님을 바라보는 자들이 되어야겠다.

호세아 3장 1절의 본문은 이스라엘 백성들이 우상을 숭배하며, 건포도 과자를 먹고, 술을 건하게 마시며, 신전 창기들과 상관하였음을 말하고 있다. 당대의 이스라엘의 부흥은 그들을 타락시켰으며, 이에 흥청망청하여 술에 빠지고 음란한 행위들이 만연하였음을 묘사한다.

하나님께서는 자신을 버리고 타락한 우리에게 긍휼로 찾아오시는 분이시다. 하나님께서는 사랑의 하나님으로 다른 이방 종교의 신들과 같이 자기를 잘 달래지 않으면 재앙을 내리는 그런 폭군적 하나님이 아니시다. 하나님께서는 우리의 죄를 용서하시기 위하여 마침내는 그의 독생자를 우리의 죄를 위해 죽게 하셨다.

오늘날 우리의 상황은 호세아 당시의 모습과 진배없다. 삶의 중심이 되시는 하나님 경외를 져버리고 우상숭배의 길을 좇고 있다. 미신적인 무당과 역술인의 숫자가 100만이 넘는다는 통계 보고도 접하게 된다.

우리는 우상숭배가 얼마나 자기 스스로를 파괴하고 있는지를 모르고 산다. 담배와 술이 마약과 도박이 그리고 음행과 동성애가 자기파괴의 행동이듯이 우상은 인간의 모든 존재 가치들을 앗아버리고 마는 것으로, 우리는 그 한 예를 북한의 독재적 우상화에서 찾아볼 수 있다. 인간이 스스로의 존재와 행복과 자유에 대해 잘 이해하려면 먼저 하나님을 아는 지식이 필요한 것으로, 그것은 그의 존재를 우리의 삶 전체로 받아들이는 데서부터 시작한다. 요즈음 우리 사회에 자유라는 말이 자주 거론되는데, 그 자유는 미신으로부터 해방되는 데서부터 출발한다. 점이나 보고 굿이나 하는 미신적 삶의 태도를 가지고는 자유로운 영혼을 가질 수 없다. 그런 사람들은 이 세상의 죄나 쾌락과 욕심으로부터 결코 자유로울 수 없는 것으로, 결국 인간의 참 하나님에 대한 외면은 온갖 속박과 중독과 죽음으로 끝나는 것임을 명심해야 할 것이다.

7. 열매 나누기

1) 7장에 나타나는 이스라엘 백성들의 하나님에 대한 죄악상에 대해 말하여보자.

2) 타락한 이스라엘에 대해 하나님께서 경고하신 심판의 내용들을 호세아서에서 찾아보시오.

3) 고멜은 신전 창기였다. 당시 신전 창기가 있었던 이유는 무엇인가? 오늘의 이단 종교의 성적인 문란함과 이전 바알 종교의 성적인 문란함이 통하고 있다. 거짓된 종교들이 그렇게 되는 이유는 무엇인가?

4) 하나님의 명령을 실천함에 있어 호세아의 고통이 어떠했을지를 함께 나누어보자.

5) 호세아 14장 4절 말씀("내가 그들의 반역을 고치고 기쁘게 그들을 사랑하리니 나의 진노가 그에게서 떠났음이니라.")은 우리의 타락을 고치고 우리를 사랑스러운 자로 만드시려는 하나님의 의지가 나타난다. 하나님의 사랑과 용서의 상관성에 대해 생각해보자.

8. 참고문헌

1) 강성열.『성서로 본 결혼은유: 결혼은유의 기원과 전승에 관한 연구』. 서울: 성광문화사, 1998.

2) 이학규.『호세아의 결론과 그 의미』(미간행석사학위논문). 대전: 침례신학대학 대학원, 1987.

3) 진기현.『호세아의 생애와 메시지의 상관관계연구』(미간행석사학위논문). 서울: 장로회신학대학 신학대학원, 1989.

4) 이동수. "에브라임과 호세아,"『장신논단』, 제16집 (2000), 61-78.

5) 정규남. "호세아에 있어서 하느님을 아는 지식,"『신학사상』, 제40집 (1983. 3.), 838-853.

6) Stuart, Douglas.『호세아, 요엘, 아모스, 오바댜, 요나: WBC 주석시리즈 31』, 김병하 역. 서울: 솔로몬, 2011.

7) Wolff, Hans Walter.『호세아서 연구』, 이양구 역. 서울: 대한기독교출판사, 1981.

8) McCartney, Dan G. "Matthew and Hosea," *Westminster Theological Journal,* vol. 63, no. 1 (2001. 5.), 97-106.

스물넷째 주

요엘

생태신학적 성경 읽기

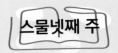

요엘: 생태신학적 성경 읽기

요엘서는 여러 방향에서 해석이 가능하나, 이 책에선 요엘서를 생태적 관점을 가지고 해석코자 한다. 이 요엘서가 이미 오래전에 환경적 재난과 위기를 경고하고 있는 책이었음을 살피려 하는 것이다. 먼저 요엘서는 토양과 수질과 대기의 오염문제에 대해 말한다. 아울러 자연은 돌이킬 수 없는 대파국에 이르기 전, 인간에게 계속적인 경고 사인을 보냄을 언급하고 있다.

이에 있어 이 같은 환경문제는 개인적 대처만으로 충분치 않으며, 사회 전반의 참여를 통한 총체적 개혁을 요구한다. 이에 이를 위한 정치 경제 구조 전반에 대한 논의와 개혁이 필요한 것으로, 요엘서는 금식일을 정하고 성회로 모일 것을 강조한다. 하지만 이러한 환경문제의 최종적 시나리오는 파멸이 아니다. 요엘은 이에 대해 언급하면서, 하나님 안에 있는 비전을 말한다. 그는 "누구든지 여호와의 이름을 부르는 자는 구원을 얻으리니"라고 한다(욜 2:32). 인류를 위협하는 많은 징조들이 나타난다 할지라도, 우리는 종국적으로 실망만 해서는 안 된다. 인간의 힘으론 이러한 파국을 극복할 수 없으나 하나님의 능력에 의하여 우리는 그러한 난관을 이길 수 있다.

1. 씨알 고르기

1) 요절   요엘 2장 21-23절

"땅이여 두려워하지 말고 기뻐하며 즐거워할지어다 여호와께서 큰 일을 행하셨음이로다. 들짐승들아 두려워하지 말지어다 들의 풀이 싹이 나며 나무가 열매를 맺으며 무화과나무와 포도나무가 다 힘을 내는도다. 시온의 자녀들아 너희는 너희 하나님 여호와로 말미암아 기뻐하며 즐거워할지어다 그가 너희를 위하여 비를 내리시되 이른 비를 너희에게 적당하게 주시리니 이른 비와 늦은 비가 예전과 같을 것이라."

2) 주제: 생태적 위기를 치유하시는 하나님

2. 뿌리 내리기

요엘서는 여러 방향에서 해석이 가능하나, 이 책에선 요엘서를 생태적 관점을 중심하여 해석코자 한다. 우리는 이 요엘서가 이미 오래전에 환경적 재난과 위기를 경고하고 있는 책이었음을 살피려 하는 것이다.

1) 요엘서는 먼저 토양의 오염의 문제를 지적한다: 밭이 황폐해졌으며 토양이 오염되어 씨가 흙덩이 속에서 썩는 모습을 그는 그리고 있다.

밭이 황무하고 토지가 마르니 곡식이 떨어지며 새 포도주가 말랐고 기름이 다하였도다(욜 1:10).

씨가 흙덩이 아래에서 썩어졌고 창고가 비었고 곳간이 무너졌으니 이는 곡식이 시들었음이로다(욜 1:17).

2) 또한 요엘은 수자원의 고갈과 수질의 오염문제를 부각하였다: 시내가 말랐고 들의 풀이 불타고 있으며 바다에서 악취가 나고 있음을 그는 말한다.

들짐승도 주를 향하여 헐떡거리오니 시내가 다 말랐고 들의 풀이 불에 탔음이니이다(욜 1:20).

내가 북쪽 군대를 너희에게서 멀리 떠나게 하여 메마르고 적막한 땅으로 쫓아내리니 그 앞의 부대는 동해로, 그 뒤의 부대는 서해로 들어갈 것이라 상한 냄새가 일어나고 악취가 오르리니 이는 큰 일을 행하였음이니라 하시리라(욜 2:20).

3) 그는 대기오염을 통해 일월이 캄캄하여지고 별들의 빛이 약해지고 있음을 언급한다.

> 그 앞에서 땅이 진동하며 하늘이 떨며 해와 달이 캄캄하며 별들이 빛을 거두도다(욜 2:10).

자연은 돌이킬 수 없는 대파국에 이르기 전, 인간에게 계속적인 경고 사인(sign)을 보낸다. 요엘은 그 당시의 사람들에게 하나님의 심판과 재앙의 징조들이 이미 표출되고 있는바 그에 대비할 것을 말하고 있다(욜 1:15, 1:16, 2:31). 21세기에 사는 우리에겐 이런 파국의 징조들이 더 명확해졌다. 기후 위기와 기상 이변, 물고기의 떼죽음, 작은 강들의 마름, 숲이 점점 황폐하여짐, 지진이 잦아짐, 재생 불가능한 자원의 남용, 과소비적인 삶의 스타일 등이 그러한 대파국의 징조들이다.

3. 줄기 세우기

장절	주제	소주제	핵심개념
1:1-20	여호와의 날(주의 날)에 있던 심판과 재앙에 대한 회상과 회개에 대한 촉구, 각종 자연재해에 대한 언급	1:1 서언	요엘
		1:2-12 과거 메뚜기 재앙에 대한 회상	재앙
		1:13-20 과거 가뭄 재앙에 대한 회상	여호와께 부르짖음
2:1-27	북왕국 유다에게 여호와의 날의 심판이 임박함을 예언함	2:1-11 앞으로 임할 심판의 재앙: 수많은 이방 민족의 침공, 대기오염에 대해 언급함	임박한 여호와의 날
		2:12-17 여호와께 돌아와 회개할 것을 호소	돌아오라
		2:18-27 여호와로 말미암아 기쁨을 회복할 것임	기뻐하며 즐거워할지어다

장절	주제	소주제	핵심개념
2:28-3:21	먼 미래의 주의 날에 있을 여호와 하나님의 남왕국 유다에 대한 구원과 회복	2:28-32 궁극적 두려움의 주의 날에 대비할 것을 말함	구원(욜 2:32)
		3:1-17 이방 나라들에 대한 심판을 통해 이스라엘 백성을 보호하실 것임	두로와 시돈과 블레셋을 포함한 사면의 민족들을 심판하실 것임
		3:18-21 유다는 영원할 것임: 물댄 동산의 풍요로움에 대한 비전을 말함	예루살렘도 대대에 영원히 있을 것임

4. 가지 뻗기

요엘은 이러한 재난을 야기한 것이 우리의 환경파괴적인 생활방식 때문으로서, 우리는 그러한 삶의 스타일에서 회개하고 돌이켜야 함을 강조한다. 그는 깨어 울 것을 말함과 동시(욜 1:5), 금식을 하며(욜 2:12), 마음을 찢고 하나님께로 돌이킬 것을 제안하였다(욜 2:13).

그러나 이러한 생태적 위기는 개인적인 회개만으로 충분히 대응되지 않는 것으로, 모여 논의하고 결단하는 협의과정(the process of council)이 요청된다. 이 같은 환경문제는 개인적 대처만으로 충분치 않으며, 사회 전반의 총체적 개혁을 요구한다. 이에 이를 위한 정치 경제 구조 전반에 대한 논의와 개혁이 필요한 것으로, 요엘서는 금식일을 정하고 성회로 모일 것을 강조한다.

너희는 금식일을 정하고 성회를 소집하여 장로들과 이 땅의 모든 주민들을 너희 하나님 여호와의 성전으로 모으고 여호와께 부르짖을지어다(욜 1:14).

너희는 시온에서 나팔을 불어 거룩한 금식일을 정하고 성회를 소집하라. 백성을 모아 그 모임을 거룩하게 하고 장로들을 모으며 어린이와 젖 먹는 자를 모으며 신랑을 그 방에서 나오게 하며 신부도 그 신방에서 나오게 하고(욜 2:15-16).

오늘의 전지구적 위기에 대해 논의하기 위해 1990년 'JPIC'(정의 평화 창조의 보전) 제1차 세계대회가 서울에서 소집(convocation)된 바와 같이, 우리는 이러한 문제들을 사회적으로 공론화하는 과정이 필요할 것이다.

5. 꽃으로 피어나기

그러나 이러한 환경문제의 최종적 시나리오는 파멸이 아니다. 요엘은 이 문제에 대해 언급하면서, 하나님 안에 있는 비전에 대해 말한다. 그는 "누구든지 여호와의 이름을 부르는 자는 구원을 얻으리니"라고 한다(욜 2:32). 아무리 인류를 위협하는 많은 징조들이 나타난다 할지라도, 우리는 종국적으로 실망만 해서는 안 된다. 인간의 힘으론 이러한 파국을 극복할 수 없으나, 하나님의 능력에 의하여 우리는 그러한 난관을 이길 수 있을 것이다. 요엘 선지자는 하나님의 이 자연에 대한 은총을 다음과 같이 서술한다. "땅이여 두려워하지 말고 기뻐하며 즐거워할지어다 여호와께서 큰 일을 행하셨음이로다. 들짐승들아 두려워하지 말지어다 들의 풀이 싹이 나며 나무가 열매를 맺으며 무화과나무와 포도나무가 다 힘을 내는도다. 시온의 자녀들아 너희는 너희 하나님 여호와로 말미암아 기뻐하며 즐거워할지어다 그가 너희를 위하여 비를 내리시되 이른 비를 너희에게 적당하게 주시리니 이른 비와 늦은 비가 예전과 같을 것이라."(욜 2:21-23).

6. 열매 맺기

이러한 일을 위해 어느 누구도 수수방관자가 되어서는 안 되며 능동적 참여자(active participant)로서의 역할을 하여야 할 것이다. 물론 이런 일을 위해선 힘 있는 창조적 소수의 리더십이 요청된다. 그러나 그것만으로 충분하지 않으며 모든 계층과 각 분야의 사람들의 참여가 필요하다(욜 1:14, 2:15-16).

마지막으로 요엘은 사회생태학(social ecology)의 문제를 거론한다. 인간의 자연에 대한 폭력은, 인간 상호 간의 폭력적 삶과 연관돼있다. 인간에 대한 폭력과 강포함이 땅을 황무하게 하는 원인이 된다.

> 그러나 애굽은 황무지가 되겠고 에돔은 황무한 들이 되리니 이는 그
> 들이 유다 자손에게 포악을 행하여 무죄한 피를 그 땅에서 흘렸음이
> 니라(욜 3:19).

사회적 부정의(social injustice)와 환경적 부정의(environmental injustice)는 상호 연관되어 있다. 주변의 이웃에 대한 경제적 착취, 정치적 억압과 군사적 폭력이 생태적 위기의 문제와 관련된다(3장 전반부). 오늘과 같은 부익부 빈익빈의 사회는 일면에선 과소비를 또 다른 면에선 자연에 대한 착취를 야기한다. 이러한 경제적 불평등이 유지되기 위해서는 다양한 폭력적 구조가 필요하다. 가난한 자들의 불평을 잠재우기 위한 여러 면의 교묘한 억압이 창출되어야 하며, 나아가 군산복합(military-industrial complex)의 괴물이 만들어지기까지 한다. 요엘은 이러한 정황을 바라보면서 무기를 만드는 문화가 농기구와 식량을 늘리는 문화로 전환되는 것이 생태적 문제의 원거리적 해결방안임을 언급하였다.

> 너희는 모든 민족에게 이렇게 널리 선포할지어다 너희는 전쟁을 준
> 비하고 용사를 격려하고 병사로 다 가까이 나아와서 올라오게 할지
> 어다 너희는 보습을 쳐서 칼을 만들지어다 낫을 쳐서 창을 만들지어
> 다 약한 자도 이르기를 나는 강하다 할지어다(욜 3:9-10).

7. 열매 나누기

1) 자원 낭비를 줄일 수 있는 방안들에 대해 말해보자.

2) 생태정의(eco-justice)란 용어의 뜻은 무엇인가?

3) 교회는 환경보호를 위해 무엇을 할 수 있는지 말하여보자.

4) 예수 그리스도의 구원이 자연보호와 어떻게 상관되는지 말하여보자(롬 8:18-25 참조).

5) WCC의 'JPIC'(정의 평화 창조의 보전)에 대해 논의하여 보자.

8. 참고문헌

1) 이태훈. "요엘서의 구조와 신학적 주제," 『그 말씀』 제138호 (2000. 12.), 10.

2) Stuart, Douglas. 『호세아, 요엘, 아모스, 오바댜, 요나: WBC 주석시리즈 31』, 김병하 역. 서울: 솔로몬, 2011.

3) Wolff, Hans Walter. *Hermeneia: Joel and Amos,* trans. by Waldemar Janzen. Philadelphia: Fortress, 1977.

4) Driver, Samuel Rolles. *The Books of Joel and Amos. Cambridge Bible for Schools and Colleges.* Cambridge: Cambridge University Press, 1897.

스물다섯째 주

아모스
의(righteousness)와 정의(justice)

아모스: 의(righteousness)와 정의(justice)

　　"오직 정의를 물같이 공의를 마르지 않는 강 같이 흐르게 할
지어다."(암 5:24)라는 본문에서 정의란 히브리어로 '미슈파트'로
서 영어 'justice'에 해당한다. 공의는 히브리어 '츠다카'로서 영어
'righteousness'로 표현된다. 내적인 올바른 관계로서의 '츠다카'에서
외적인 정의로서의 '미슈파트'가 발현된다는 것으로, 하나님과 이웃과
의 바른 관계가 세워지지 않고 하나님의 말씀에 굶주려 하지 않기 때
문에, 사법적이며 삶에서의 정의가 세워지지 않음을 아모스서는 강조
한다.

　　하나님께서는 가난한 자들을 딛고 올라선 그들의 성공을 아모스
를 통하여 비판하셨다. 그들은 단 옆에서 전당 잡은 옷에 누우며, 신
의 전에서 벌금으로 얻은 포도주를 마시면서 하나님의 전을 더럽혔다
(암 2:8). 노동자들을 착취하여 번 돈으로 십일조를 드리고, 부정의하
게 모은 돈으로 감사헌금을 하며, 땀 흘리지 않고 얻은 돈으로 낙헌제
를 드리는 그러한 예배를 하나님은 받으시지 않는다. 하나님께서는 그
러한 제사를 받지 않으실 뿐만 아니라, 그러한 예배가 거행되는 성전
과 그러한 예배를 드리는 사람들을 파괴하고 심판하실 것을 말씀하셨
다.

　　예배는 매 주일의 단회적으로 끝나는 것으로만 이해되어선 안 된
다. 예배란 어떤 경우에도 단절될 수 없는 것이기에 생활 속에서 지속
돼야 한다. 예배와 생활이 분리되어서는 안 되는 것으로 하나님을 향
한 예배는 곧 삶의 행동으로 이어져야 함에도(고후 9:13, 약 1:26-27,
마 25:37-40 참조) 불구하고, 이스라엘 백성들은 참되며 정의로운 삶
이 없는 수직적 예배만으로 하나님을 기쁘시게 할 수 있다고 잘못 생
각했던 것이다.

1. 씨알 고르기

1) 요절 **아모스 5장 24절**

> "오직 정의(justice)를 물 같이, 공의(righteousness)를 마르지 않는 강 같이 흐르게 할지어다."

2) 주제: 정의로운 삶이 바탕 되지 않는 예배에 대한 비판

2. 뿌리 내리기

주전 8세기에 북왕국 이스라엘에서 활동한 예언자 아모스는 하나님 예배를 세상에 대한 봉사와 분리하는 처사에 대해 완강히 거부하였다. 종교는 결코 부정의를 은폐하는 수단이 아니며, 부도덕한 자기행위를 보상하는 것이 아님을 그는 말한다. "너희는 벧엘에 가서 범죄하며 길갈에 가서 죄를 더하며 아침마다 너희 희생을, 삼일마다 너희 십일조를 드리며, 누룩 넣은 것을 불살라 수은제로 드리며 낙헌제를 소리내어 선포하려무나 이스라엘 자손들아 이것이 너희가 기뻐하는 바니라 주 여호와의 말씀이니라."(암 4:4-5). 벧엘과 길갈에는 당시 하나님

의 성소가 있었다. 그러한 영광을 받으실 성소에서 하나님은 오히려 이스라엘의 반역을 보고 있다. 북이스라엘 왕국의 백성들은 당시 그들의 경제적 군사적 번영을 구가하며, 하나님 앞에 감사제와 십일조를 드리면서 그들의 성공을 크게 자랑하며 떠들었던 것 같다. 하지만 본문에 나타나는 대로 그것은 그들의 기뻐하는 일이었을런지 몰라도 하나님과는 상관없는 일이었다.

하나님께서는 가난한 자들을 딛고 올라선 그들의 성공을 아모스를 통하여 비판하셨다. 그들은 단 옆에서 전당 잡은 옷에 누우며, 신의 전에서 벌금으로 얻은 포도주를 마시면서 하나님의 전을 더럽혔다(암 2:8). 노동자들을 착취하여 번 돈으로 십일조를 드리고, 부정의하게 모은 돈으로 감사헌금을 하며, 땀 흘리지 않고 얻은 돈으로 낙헌제를 드리는 그러한 예배를 하나님은 받으시지 않는다. "내가 너희 절기를 미워하여 멸시하며 너희 성회들을 기뻐하지 아니하나니 너희가 내게 번제나 소제를 드릴지라도 내가 받지 아니할 것이요 너희의 살진 희생의 화목제도 내가 돌아보지 아니하리라."(암 5:21-22).

하나님께서는 그러한 제사를 받지 않으실 뿐만 아니라, 그러한 예배가 거행되는 성전과 그러한 예배를 드리는 사람들을 파괴하고 심판하실 것을 말씀하셨다. "내가 보니 주께서 단 곁에 서서 이르시되 기둥머리를 쳐서 문지방이 움직이게 하며 그것으로 부서져서 무리의 머리에 떨어지게 하라. 내가 그 남은 자를 칼로 죽이리니 그중에서 한 사람도 도망하지 못하며 그중에서 한 사람도 피하지 못하리라."(암 9:1). 그는 그들의 예배드리는 날을 애통으로 변하게 하시며 그들의 부르는 찬양 소리를 애곡으로 변하게 하신다고 경고하셨다(암 8:10).

불의한 죄에서 돌이키는 회개와 병행되지 않는 예배는 허식이며, 그러한 예배에 하나님이 함께 하실 리 없다. 8장 5절에 보면, 아모스 당시의 사람들이 안식일을 지키며, 이 안식일이 언제 빨리 지나 밀을 내게 할까 하였다고 한다. 예배드리는 것에는 관심이 없고 빨리 예배를 끝내고 자기의 못 마친 세상일을 하며 개인적인 쾌락을 위해 시간을 보내고자 하는 그러한 사람들의 마음에 하나님에 대한 진정한 경외의 자세가 깃들 리 없다. 그러한 태도를 가지고 예배를 드린다면, 그러한 예배는 따분할 수밖에 없으며 어떠한 감격도 없이 형식화되고 말 것이다. 자신의 세상 속에서의 삶의 진실과 연결되지 않는 예배는 공허하며 허식일 수밖에 없다.

이러한 당시의 세태를 향해 아모스는 다음의 말을 외치고 있다. "오직 정의를 물같이 공의를 마르지 않는 강 같이 흐르게 할지어다."(암 5:24). 여기에서의 정의란 히브리어로 '미슈파트'로서 영어 'justice'에 해당한다. 공의는 히브리어 '츠다카'로서 영어 'righteousness'로 표현된다. '미스파트'는 재판하다. 지배하다라는 뜻의 동사 '샤파트'에서 파생되었다. '미슈파트'는 사회적 관계들 속에서 바른 질서가 유지되기 위한 재판의 과정과 판결을 의미한다. 그것은 입법과 사법과 행정의 기능이 분리되지 않은 상태에서의 통치자의 종합적인 기능을 뜻한다. '츠다카'는 여성 명사로서, 남성으로 쓰일 경우에는 '체데크'가 된다. 이 단어들은 '의'나 '공의'로 보통 번역되는 바, 남성으로 쓰일 때에는 하나님이 명령하신 바른 법이나 질서를 의미하며, 여성으로 쓰일 경우에는 그 법 지향하는 인간의 바른 행위로 구별하기도 한다. 이러한 남성과 여성으로서의 쓰임의 차이는 이사야 45장 8절에 나타난다. "하늘이여 위로부터 공의를 뿌리며 구름이여 의를 부을지어다 땅이여 열려서 구원을 싹트게 하고 공의도 함께 움돋게 할지어다 나 여호와가 이 일을 창조하였느니라." 이 본문의 앞에 나오는 공의는 '체테크'로 표현되어 있으며, 뒤의 의는 '츠다카'로 되어 있다. 하늘에서 내려오는 의와, 땅에서 움트는 의가 구별되는 것이다. 하늘의 의란 하나님의 명하신 법을 말하며, 땅에서의 의란 그에 의거한 인간의 의를 말한다. 구약성서 가운데서 보면, '의'는 일종의 관계로 묘사된다. 그것은 하나님과 인간의 관계(시 50:6) 및 인간과 인간의 관계(신 24:13)를 말한다. 그러한 의와 정의가 강 같이 흘러 이 땅을 흠뻑 적셔야 한다는 것이다. 물과 강이 인간의 육적 생명에 필수인 것과 같이, 정의를 콸콸 흐르게 하는 것이 영적인 삶에 필수라는 것이다.

하나님과의 바른 관계가 인간과의 바른 관계로 이어진다. 신약에선 하나님의 의를 인간이 덧입음이 없이 인간과 바른 관계를 가질 수 없음이 강조된다. 인간의 옳은 행위는 은총을 통해 주어지는 하나님과의 바른 관계 회복을 통해서만 가능하다. '정의'와 '공의'가 끊이지 않는 시내같이 잘 흐르도록 하여야 한다는 아모스의 외침은, 사회에서의 법의 바른 집행과 하나님과의 바른 관계를 통한 인간과의 바른 관계를 강조하는 말로 보아야 할 것이다. 구약의 예언자들은 하나님과의 바른 관계와 인간사회에서의 정의의 실현을 이원화하지 않았다. 그들의 정의 실현은 하나님과 맺은 계약의 준수였으며, 하나님에 대한 순종과 예배는 사회에서의 올바른 행위와 분리되지 않았던 것이다.

3. 줄기 세우기

장절	주제	소주제	심판을 받을 수밖에 없는 그들의 죄악들
1-2장	이웃 나라들에 대한 심판	1:1-2 서언	북왕국 이스라엘에서 활동한 예언자
		1:3-5 다메섹을 향한 심판	이스라엘의 길르앗을 괴롭힘의 죄
		1:6-8 가사를 향한 심판	포로들을 에돔으로 넘김
		1:9-10 두로를 향한 심판	서로 간의 규례를 어기고 포로들을 에돔으로 넘김
		1:11-12 에돔을 향한 심판	같은 혈통인 형제 나라들을 괴롭힘
		1:13-15 암몬을 향한 심판	전쟁으로 길르앗을 괴롭힘

장절	주제	소주제	심판을 받을 수밖에 없는 그들의 죄악들
		2:1-3 모압을 향한 심판	에돔왕의 뼈를 불살라 재를 만듦
		2:4-5 유다를 향한 심판	율법을 준수하지 않음
		2:6-16 북왕국 이스라엘을 향한 심판	사회정의를 져버림
3-6장	북왕국 이스라엘의 심판에 대한 세 가지 설교	3:1-15 첫 번째 설교: 이스라엘의 현재 상황	이스라엘의 죄악 됨과 심판의 상황 강조
		4:1-13 두 번째 설교: 이스라엘의 과거	
		5:1-6:14 세 번째 설교: 이스라엘의 미래	
7:1-9:10	심판에 대한 다섯 가지 환상	1) 7:1-3 메뚜기 환상	농작물들을 해하는 메뚜기떼
		2) 7:4-6 불 환상	불로 성을 사르실 것임
		3) 7:7-9 다림줄 환상	다림줄은 건물이 반듯하게 잘 세워졌는지를 측정하는 추 달린 줄이다.
		7:10-17 아모스에 대한 제사장 아마샤의 음모와 박해	역사적 삽입구
		4) 8:1-14 여름 과일 광주리에 대한 환상	가난한 자를 삼키며 힘 없는 자를 망하게 함에 대해 비판함
		5) 9:1-10 무너지는 문설주 환상	범죄한 나라들을 멸하실 것임을 말함
9:11-15	그날에 예수 그리스도께서 오셔서 이스라엘을 회복하실 것에 대한 다섯 가지 약속		9장 11, 12, 13, 14, 15절의 다섯 가지

4. 가지 뻗기

1) 이웃 국가에 대한 심판: 전쟁 도발에는 반드시 벌이 있다.

(1) 아모스 1장 3절, "여호와께서 이와 같이 말씀하시되 다메섹의 서너 가지 죄로 말미암아 내가 그 벌을 돌이키지 아니하리니 이는 그들이 철 타작기로 타작하듯 길르앗을 압박하였음이라." 전쟁을 일으킨 자는 하나님께서 심판하신다. 또한 군사력으로 남을 짓밟은 자는 망하고 만다. 하나님의 심판은 개인적인 죄에만 임하는 것이 아니다. 집단적인 죄에도 하나님의 응징이 있다(마 26:52).

(2) 그는 또한 전쟁 범죄 및 잔학 행위를 비판하였다. 포로법을 어김(암 1:6), 양민을 학살함(1:13), 시신을 모독함(2:1) 등을 말하며 이런 전쟁 범죄들에 대해 하나님께서 응징하실 것을 말하였다.

2) 북왕국 이스라엘에 대한 심판: 정의가 무너지면 하나님께서는 전쟁으로 심판하신다. (3:11)

(1) 아모스 6장 12절, "말들이 어찌 바위 위에서 달리겠으며 소가 어찌 거기서 밭 갈겠느냐 그런데 너희는 정의를 쓸개로 바꾸며 공의의 열매를 쓴 쑥으로 바꾸며." 곧 그들은 공의

의 싫어하였고, 의의 열매로서의 정의를 던져버렸다. 이 본문은 정의를 의의 열매로 말한다. 내적인 올바른 관계에서 외적인 정의가 나타난다는 것이다. 하나님과의 바른 관계, 하나님의 말씀에 굶주려 하지 않기 때문에 정의가 세워지지 않는 것이다. "주 여호와의 말씀이니라 보라 날이 이를지라 내가 기근을 땅에 보내리니 양식이 없어 주림이 아니며 물이 없어 갈함이 아니요 여호와의 말씀을 듣지 못한 기갈이라"(암 8:11).

(2) 하나님과의 바른 관계가 정립되지 않았기 때문에, 정치적 정의가 무너졌으며(암 3:9-10, 5:11-12), 경제적 정의가 무너졌다(암 2:6-7, 6:4-6).

(3) 그러므로 무너진 정의를 세우기 위해서는 먼저 하나님을 찾는 회개가 요청된다.

> 여호와께서 이스라엘 족속에게 이와 같이 말씀하시기를 너희는 나를 찾으라 그리하면 살리라(암 5:4).

5. 꽃으로 피어나기

진정된 하나님 예배와 정의로운 삶은 서로 분리되지 않는다. 하나님과의 바른 의를 통해 생활에서의 정의가 이루어지듯, 정의 없인 진정된 하나님에 대한 예배는 가능하지 않다(사 1:10-17).

1) 종교는 결코 부정의의 은폐 수단이나 부정의한 자기 행위를 보상하는 수단이 되어서는 안 된다(암 4:4-5). 하나님께서는 불의를 행하는 자들의 찬송 소리를 곡 소리로 변하게 하시며 그러한 제단을 무너뜨리고 그러한 종교를 멸절시키는 분이시다.

> 너희가 이르기를 월삭이 언제 지나서 우리가 곡식을 팔며 안식일이 언제 지나서 우리가 밀을 내게 할꼬 에바를 작게 하고 세겔을 크게 하여 거짓 저울로 속이며, 은으로 힘없는 자를 사며 신 한 켤레로 가난한 자를 사며 찌꺼기 밀을 팔자 하는도다. 여호와께서 야곱의 영광을 두고 맹세하시되 내가 그들의 모든 행위를 절대로 잊지 아니하리라 하셨나니, 이로 말미암아 땅이 떨지 않겠으며 그 가운데 모든 주민이 애통하지 않겠느냐 온 땅이 강의 넘침 같이 솟아오르며 애굽 강 같이 뛰놀다가 낮아지리라. 주 여호와의 말씀이니라 그 날에 내가 해를 대낮에 지게 하여 백주에 땅을 캄캄하게 하며, 너희 절기를 애통으로, 너희 모든 노래를 애곡으로 변하게 하며 모든 사람에게 굵은 베로 허리를 동이게 하며 모든 머리를 대머리가 되게 하며 독자의 죽음으로 말미암아 애통하듯 하게 하며 결국은 곤고한 날과 같게 하리라(암 8:5-10).

> 내가 보니 주께서 제단 곁에 서서 이르시되 기둥 머리를 쳐서 문지방이 움직이게 하며 그것으로 부서져서 무리의 머리에 떨어지게 하라 내가 그 남은 자를 칼로 죽이리니 그 중에서 한 사람도 도망하지 못하며 그 중에서 한 사람도 피하지 못하리라(암 9:1).

2) 그들은 부정의 하게 얻은 재물로 하나님께 제사를 드렸다(2:8). 그들은 부정의를 행하고도 하나님은 그들의 예배를 받

으실 것이라 생각하였지만, 하나님께서는 그러한 예배를 받지
않으심을 아모스는 강조한다.

> 내가 너희 절기들을 미워하여 멸시하며 너희 성회들을 기뻐하지 아
> 니하나니, 너희가 내게 번제나 소제를 드릴지라도 내가 받지 아니할
> 것이요 너희의 살진 희생의 화목제도 내가 돌아보지 아니하리라. 네
> 노랫소리를 내 앞에서 그칠지어다 네 비파 소리도 내가 듣지 아니하
> 리라. 오직 정의를 물 같이, 공의를 마르지 않는 강 같이 흐르게 할지
> 어다(암 5:21-24)

3) 행위가 따르지 않는 예배엔 감격이 없고 형식화하게 된
다(암 8:5).

4) 이에 회개해야 한다(암 4:6). 회개란 입으로의 고백만이 되
어서는 안 된다. 그것을 삶을 돌이키는 것이어야 한다. 회개를
의미하는 헬라어 '메타노니아'는 돌아선다는 뜻을 갖는다(막
1:15, 롬 12:1).

6. 열매 맺기

아모스 5장 21-24절은 하나님께서는 정의와 의를 자키지
않는 이스라엘의 예배를 받지 않으심을 언급한다. 그들의 절

기와 성회, 번제와 소제, 비파로 드리는 찬양을 엮겨워하실 것
이란 말씀이다.

영어에 예배를 말하는 단어에는 두 가지가 있다. 'worship'
과 'service'이다. 전자는 하나님에 대해 경배한다는 의미가 강
하며, 후자는 인간을 향한 봉사란 의미를 담고 있다. 히브리어
에도 예배를 의미하는 두 단어가 있는데, '샤하아'와 '아보다'
다. '샤하아'는 엎드린다는 뜻을, '아보다'는 종으로 섬긴다는
뜻을 가진다. '샤하아'에 해당하는 헬라어는 '프로스퀴네오'이
고 '아보다'에 해당하는 헬라어는 '레이투르기아'다. '프로스퀴
네오'는 존경심을 가지고 입맞춘다는 뜻을 갖는 반면 '레이투
르기아'는 원래 공적인 유익을 위한 노동을 의미한다. 이와 같
이 예배에는 두 가지가 요소가 병합되어 있다. 먼저는 수직적
의미에서의 하나님에 대한 경배와 복종이며, 다음은 수평적
의미에서의 인간에 대한 봉사와 사랑이다. 우리는 이 둘을 분
리해서는 안 된다. 우리의 삶 속에서의 인간에 대한 사랑의 봉
사와 정의의 실현과 하나님에 대한 사랑과 경배는 둘이 아니
고 하나다. 이웃을 사랑하고 정의를 실현함이 없이 하나님을
예배할 수 있다고 생각하는 것은 그릇된 것이다. 그리고 하나
님을 사랑함이 없이 이웃을 향한 사랑을 실천할 수 있다고 말
하는 것도 오류이다.

히브리서 13장 15-16절 말씀은 이러한 예배의 양면성을
다음과 같이 말하고 있다. "그러므로 우리는 예수로 말미암아

항상 찬송의 제사를 하나님께 드리자 이는 그 이름을 증언하는 입술의 열매니라. 오직 선을 행함과 서로 나누어 주기를 잊지 말라 하나님은 이 같은 제사를 기뻐하시느니라." 이 본문은 두 가지의 예배의 모습을 나타내 보인다. 먼저는 하나님께 대한 경배와 찬양이며, 다음은 이웃을 위한 선행 곧 섬김의 봉사이다. 위 본문 중의 찬송의 제사는 하나님에 대한 경배의 수직적 예배를 강조하며, 선을 행함으로 나눠주는 행위는 이웃을 섬기는 제사로서의 수평적 예배를 강조한다. 예배는 매 주일의 단회적으로 끝나는 것으로만 이해되어선 안 된다. 예배란 어떤 경우에도 단절될 수 없는 것이기에 생활 속에서 지속돼야 한다. 예배와 생활이 분리되어서는 안 되는 것으로 하나님을 향한 예배는 곧 생활이어야 함에도(고후 9:13, 약 1:26-27, 마 25:37-40 참조) 불구하고, 이스라엘 백성들은 참되며 정의로운 삶이 없는 수직적 예배만으로 하나님을 기쁘시게 할 수 있다고 잘못 생각했던 것이다.

7. 열매 나누기

1) 하나님에 대한 예배와 인간에 대한 섬김의 상관성에 대해 말하시오.

2) 예배 속에 내재되어 있는 수직적 영성과 수평적 영성에 대해 말하시오.

3) 로마서 12장 1-2절은 우리 삶으로서의 몸의 예배가 영적 예배가 됨을 말하는데 이에 대해 이야기해보자.

4) 이사야 1장 10-17절을 읽고 정의로운 삶을 무시하는 사람들의 예배를 받으시지 않으시는 하나님에 대해 묵상하여보자.

5) 마태복음 5장 23-24절은 예배에 앞서 우리가 선제적으로 할 일에 대해 말한다. 이 본문은 예배의 선결 조건에 대해 무엇이라고 언급하는가.

8. 참고문헌

1) 김정준. 『정의의 예언자: 아모스 주석』. 서울: 한국신학연구소, 1991.

2) 노영상, 『예배: 하나님을 향한 복종, 이웃을 향한 섬김』. 서울: 킹덤북스, 2023.

3) 서인석. 『하나님의 정의와 분노: 예언자 아모스』. 왜관: 분도출판사, 1975.

4) Wolff, H. W. 『예언과 저항: 아모스서 연구』, 이양구 역. 서울: 대한기독교출판사, 1980.

5) 김중은. "아모스서 강해(1)-(8)," 『목회와 신학』, 제50호 (1993. 8.)-제58호 (1994 4.).

6) 박노중. 『아모스의 사회정의에 대한연구』(미간행석사학위논문). 대전: 침례신학대학 대학원, 1987.

7) 임상국. "아모스의 사회비판과 <계약법전>의 형성," 『신학과 세계』, 제39호 (1999년 가을), 39 이하.

8) Stuart, Douglas. 『호세아, 요엘, 아모스, 오바댜, 요나: WBC 주석시리즈 31』, 김병하 역. 서울: 솔로몬, 2011.

9) Clements, Roy. *Where Love and Justice Meet: The Truth of Amos for Today.* Leicester: Inter-Varsity, 1988.

10) Cripps, Richard Seymour. *A Critical and Exgetical Commentary on the Book of Amos.* New York: 1929.

스물여섯째 주

오바댜와 나훔

강대국 에돔과 앗수르에 대한
하나님의 심판

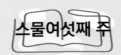
오바댜와 나훔: 강대국 에돔과 앗수르에 대한 하나님의 심판

오바댜서는 에돔이 멸망할 것과 그 멸망의 이유를 실은 책이다. 여기서 에돔인은 야곱의 쌍둥이 형제 에서의 후손들이다. 창세기는 이들 사이의 적대감의 시원에 대해 말하는데, 그들의 후손은 끊임없는 싸움을 계속하였다. 에돔은 일찌감치 강대국이 되었었다. 에돔인은 출애굽 당시 이스라엘 민족이 자기의 영토를 통과하는 것을 거부하였다. 그럼에도 불구하고 하나님은 이스라엘에게 에돔을 형제로 대하라고 명하셨다. 그러나 에돔의 이스라엘에 대한 증오는 계속되었다. 그 에돔 족속은 아브라함의 아들 이스마엘의 후손과 함께 오늘의 아랍인들을 구성한다.

다음으로 나훔서 또한 다른 민족을 괴롭혔던 강대국 앗수르(아시리아)에 하나님의 심판이 임할 것임을 말하고 있다. 하나님께서는 그 앗수르의 수도 니느웨를 치심으로 그러한 행위들에 대해 보복할 것임을 예언자 나훔을 통해 말씀하셨다.

오늘날에도 주변의 나라들을 못살게 하는 강대국들이 적지 않다. 주변 나라들을 경제적으로 착취하고, 강한 군사력을 통해 주변 나라들을 핍박하며, 다른 나라 사람들을 종 같이 부리고 억압하는 나라들이 있다. 하나님은 개인의 죄도 심판하시지만, 이러한 국가 간의 집단적인 죄에 대해서도 심판하시는 분이시다. 하나님은 이스라엘만을 다스리는 분이실 뿐 아니라 전 세계를 통치하시며 우주적 주권을 행사하시는 분이시다. 그러므로 우리는 우리의 현 상황을 너무 강대국의 힘에 의존하여 타개하려 해서는 안 되며, 하나님의 전능하신 힘에 의존하여 해결하려는 의지와 신앙을 가져야 할 것이다.

1. 씨알 고르기

1) 요절   오바댜 1장 10절 / 나훔 3장 7절

오바댜 1장 10절 "네가 네 형제 야곱에게 행한 포학으로 말미암아 부끄러움을 당하고 영원히 멸절되리라."

나훔 3장 7절 "그 때에 너를 보는 자가 다 네게서 도망하며 이르기를 니느웨가 황폐하였도다 누가 그것을 위하여 애곡하며 내가 어디서 너를 위로할 자를 구하리요 하리라.

2) 주제: 다른 민족들을 핍박한 강대국들에 대한 하나님의 심판

2. 뿌리 내리기

오바댜서는 에돔이 멸망할 것과 그 멸망의 이유를 실은 책이다. 여기서 에돔인은 야곱의 쌍둥이 형제 에서의 후손들이다(옵 1:6). 창세기는 이들 사이의 적대감의 시원에 대해 말하는데(창 25-27장), 그들의 후손은 끊임없는 싸움을 계속하였다. 에돔은 일찌감치 강대국이 되었다(창 36장, 출 15:15, 민 20:14).

에돔인은 출애굽 당시 이스라엘 민족이 자기의 영토를 통과하는 것을 거부하였다(민 20:20-21). 그럼에도 불구하고 하나님은 이스라엘에게 에돔을 형제로 대하라고 명하셨다(신 23:7-8). 그러나 에돔의 이스라엘에 대한 증오는 계속되었다. 그 에돔 족속은 아브라함의 아들 이스마엘의 후손과 함께 오늘의 아랍인들을 구성한다. 미국의 대통령 지미 카터는 은퇴 후 이 에돔 족속을 연구하는 책을 쓴 바 있다. 그 책은 이스라엘과 아랍이 동일한 조상을 갖고 있음을 강조하며 그들이 서로 화해하여야 함을 말한다.

다음으로 나훔서 또한 다른 민족을 괴롭혔던 강대국 앗수르(아시리아)에 하나님의 심판이 임할 것임을 말한다. 하나님께서는 그 앗수르의 수도 니느웨를 치심으로 그러한 행위들에 대해 보복할 것임을 나훔서를 통해 말씀하셨다.

3. 줄기 세우기

<오바댜의 줄거리>

장절	주제	소주제	비고
1:1-18	강대국 에돔에 대한 심판	1:1-9 심판 예고	에서의 모든 사람들이 다 멸절하리라
		1:10-14 심판의 이유인 에돔의 죄	야곱에게 행한 포악
1:15-21	에돔의 심판과 이스라엘의 회복	모든 나라들이 하나님의 심판하에 있는바(옵 1:15), 이스라엘이 강대국들을 정복할 것이다(1:18).	구원받은 자들이 시온산에 올라와서 에서의 산들을 심판할 것이다(옵 1:21)

<나훔의 줄거리>

장	주제	소주제	비고
1장	앗수르의 수도 니느웨에 대한 심판	1:1-8 하나님의 심판의 원칙들	정의를 세우기 위해 보복하심
		1:9-15 니느웨의 멸망과 유다 왕국의 구원	앗수르의 수도 니느웨를 파괴함으로써 이스라엘을 해방할 것임
2장	니느웨 소멸을 예언	니느웨가 멸절하는 모습에 대한 예언	니느웨가 공허하고 황폐하게 될 것이다
3장	앗수르 심판의 이유와 심판의 예언	3:1-5 앗수르의 죄악상	거짓, 탈취, 전쟁의 잔혹함, 음행과 마술
		3:6-17 심판의 내용: 앗수르가 구경거리가 되게 함, 황폐하게 됨, 포로로 잡혀감, 산성이 함락됨, 귀족과 백성 모두가 무력하게 됨	하나님의 보복적 행동은 정당한 것임을 밝힘

4. 가지 뻗기

오바댜는 에돔이 파멸하는 이유를 다음과 같이 말한다. 형제에 대한 폭력(10절), 적대적인 행동(11절), 이스라엘의 재앙을 기뻐함(12절), 야곱이 고난 당할 때 기뻐함(12절), 하나님의 백성에 대한 약탈(13절), 피난민의 도피를 방해함(14절), 원수들의 손에 그들을 넘김(14절) 등이 이유이다. 이러한 치사한 행동들은 그의 교만함에서 나온 것이다(옵 1:3 "너의 마음의 교만이 너를 속였도다.").

하나님께서는 하나 하나의 행동에 대해 심판하시는 분이다. 남의 실패를 보고 비웃는 사람은 그러한 실패를 당하게 될 것이다. 남이 어려울 때 그를 도와주지 못할망정, 그러한 그의 실패를 자기 성공의 발판으로 삼으려는 자의 소행을 하나님은 갚으신다. 남에게 피해를 주는 것을 떡 먹듯이 하며 악을 뻔뻔스럽게 행하는 자들을 향해 하나님은 지옥을 예비하고 계신다. 모든 사람들이 하나님의 심판이 얼마나 집요하며 엄정하신가를 모르기 때문에 악을 행하는데 담대하다. 이러한 세상은 더 이상 지탱될 아무 의미가 없다. 그러한 세상은 망해야 한다(15절). 그리고 모든 나라들이 하나님에 속하는 새 세상이 와야 한다(21절).

> 세상 나라가 우리 주와 그의 그리스도의 나라가 되어 그가 세세토록 왕 노릇 하시리로다(계 11:15).

하나님은 앗수르를 진멸하시는 원인에 대해 나훔서는 다음과 같이 말한다. 우상숭배(1:14, 3:4), 다른 나라들을 노략함(2:9, 13, 3:1), 주변 나라들에 행한 폭력과 살육과 잔인함(3:3), 다른 나라 사람들을 포로로 잡아가 능욕을 줌(3:10) 등이다. 나훔은 다른 나라들을 핍박한 앗수르의 수도 니느웨 성의 멸망을 처참한 모습으로 그리고 있다.

5. 꽃으로 피어나기

오바댜 1장 10절, "네가 네 형제 야곱에게 행한 포학으로 말미암아 부끄러움을 당하고 영원히 멸절되리라." 오바댜 선지는 에돔이 그 한 일로 인하여 멸망을 받을 것을 말한다. 오바댜는 원수를 용서하라고 말씀하신 예수 그리스도의 경지에까지 이르지는 못한다(눅 23:34, "아버지여 저들을 사하여 주옵소서. 자기들이 하는 것을 알지 못함이니이다."). 오바댜서는 각 나라는 그 행한대로 보응을 받을 것이라 전한다.

> 여호와께서 만국을 벌할 날이 가까웠나니 네가 행한 대로 너도 받을 것인즉 네가 행한 것이 네 머리로 돌아갈 것이라(옵 1:15).

구약성서는 신약의 용서의 복음에 앞서 하나님의 심판을 선포한다. 심판이 없는 용서는 없다. 로마서 12장 19-21절은 이르길, "내 사랑하는 자들아 너희가 친히 원수를 갚지 말고 하나님의 진노하심에 맡기라 기록되었으되 원수 갚는 것이 내게 있으니 내가 갚으리라고 주께서 말씀하시니라. 네 원수가 주리거든 먹이고 목마르거든 마시게 하라 그리함으로 네가 숯불을 그 머리에 쌓아 놓으리라. 악에게 지지 말고 선으로 악을 이기라." 이 본문은 원수 사랑의 방법에 대해 말한다. 먼저 원수를 원수로 규정하고, 그에 대한 복수를 하나님께 맡기는 것이 필요하다. 복수심을 가슴에 품고 남을 사랑할 수 있는 자는 없다. 보복을 하나님의 철저한 심판에 맡긴 자만이 남을 용서하고 사랑할 수 있다. 그렇게 하나님의 심판은 용서의 전제가 된다. 하나님의 심판을 믿지 않는 자는 포악을 행하는 사람 앞에서 비굴해지기가 쉽다. 그렇게 남을 두려워하고는 남을 포용하거나 사랑할 수 없다. 자기를 해하는 자들의 죄악을 하나님께서 심판해줄 것이라 믿는 자는 당당하게 행동하며 원수라도 사랑으로 품는다.

또한 나훔서에서의 앗수르에 대한 심판은 일면 이스라엘 백성에게는 해방의 복음이었다. 나훔이란 이름은 '여호와의 위로'라는 뜻을 가지는바, 앗수르에 대한 심판을 통해 이스라엘 백성들은 하나님으로부터 위로를 받고 있는 것이다. 나훔 선지자는 앗수르의 심판을 말하며, 그것이 유다에 복된 소식임을 설명한다. 나훔 1장 15절, "볼지어다 아름다운 소식을 알리고 화평을 전하는 자의 발이 산 위에 있도다 유다야 네 절기를 지키고 네 서원을 갚을지어다 악인이 진멸되었으니 그가 다시는 네 가운데로 통행하지 아니하리로다 하시니라." 하나님께서는 이전 앗수르의 난폭한 행동대로 갚으심을 통해, 주변 나라들이 받았던 고통을 신원하고 계시는 것이다.

6. 열매 맺기

오늘날에도 주변의 나라들을 못살게 하는 강대국들이 적지 않다. 주변 나라들을 경제적으로 착취하고, 강한 군사력을 통해 주변 나라들을 핍박하며, 다른 나라 사람들을 종 같이 부리고 억압하는 나라들이 있다. 하나님은 개인의 죄도 심판하시지만, 이러한 국가 간의 집단적인 죄에 대해서도 심판하신다. 하나님은 이스라엘만을 다스리는 분이실 뿐 아니라 전 세계를 통치하시며 우주적 주권을 행사하시는 분이시다(옵 1:15). 그러므로 우리는 우리의 현 상황을 너무 강대국의 힘에 의존하여 타개하려 해서는 안 되며, 하나님의 전능하신 힘에 의존하여 해결하려는 의지와 신앙을 가져야 할 것이다.

호세아 선지자 당시도 북왕국 이스라엘은 강대국에 의지하여 그들이 번영을 보장받으려 하였다. 하나님께서는 이런 그들의 행태를 일종의 우상숭배로 보시며 하나님만 의지할 것을 강조하신다.

그들의 어머니는 음행하였고 그들을 임신했던 자는 부끄러운 일을 행하였나니 이는 그가 이르기를 나는 나를 사랑하는 자들을 따르리니 그들이 내 떡과 내 물과 내 양털과 내 삼과 내 기름과 내 술들을 내게 준다 하였음이라. 그러므로 내가 가시로 그 길을 막으며 담을 쌓아 그로 그 길을 찾지 못하게 하리니(호 2:5-6).

주석 책들은 위 본문에서 '나를 사랑하는 자들'이란 말을 그들이 의존하였던 강대국을 말하는 것으로 보고 있다. 당시 이스라엘 백성들은 이런 강대국들이 자신들의 안녕을 지켜주고 필요한 것을 주는 것으로 생각하였지만, 하나님께서는 이들의 그 같은 생각을 부수고 계신다. 우리는 우리의 힘이 우리보다 강한 나라를 의존하여 나오는 것으로 잘못 생각할 때가 많은데, 그런 천진난만한 생각으론 나라를 굳건하게 할 수 없는 것으로, 오직 우리가 믿을 수 있는 분은 하나님밖에 없음을 깨달아야 한다.

7. 열매 나누기

1) 하나님은 아무리 강대한 나라일지라도 하나님의 힘으로 그들의 잘못을 심판하시는 분이시다. 역사에 나타난 강대국들에 대한 하나님의 심판의 모습들에 대해 말하여보자.

2) 오늘 우리나라는 주변의 다른 나라 사람들이나 이주민들에게 정의를 베풀고 있는지 그렇지 않은지 반성해보자.

3) 북한에 대한 우리나라의 바람직한 정책과 태도는 무엇인가?

4) WTO나 IMF, 월드뱅크(World Bank) 등의 운용에 있어서의 강대국의 횡포는 없는지 살펴보자.

5) 오늘의 시대에 있어 세계화(globalization) 속에 내재되어 있는 문제에 대해 논의해보자.

8. 참고문헌

1) 문희석.『저주의 신학: 오바댜서 연구』. 서울: 대한기독교출판사, 1979. 엘리자베스 악트마이어,『나훔-말라기』한국장로교출판사, 2002

2) Stuart, Douglas.『호세아, 요엘, 아모스, 오바댜, 요나: WBC 주석시리즈 31』, 김병하 역. 서울: 솔로몬, 2011.

3) Allen, Leslie C. *The Books of Joel, Obadiah, Jonah, and Micah*. NICOT. Grand Rapids: Eerdmans, 1976.

4) Carter, Jimmy. *The Blood of Abraham: Insights into the Middle East*. University of Arkansas Press, 1993.

5) Feinberg, Charles Lee. *Obadiah: Doom upon Edom.* (Major Message of Minor Prophet) New York: American Board of Mission to the Jew, 1948.

6) Maier, Walter A. *The Book of Nahum.* Saint Louis: Concordia Publishing House, 1956.

7) Haupt, Paul. "The Book of Nahum," *Journal of Biblical Literature,* vol. 26 no. 1 (1907. 6.), 1-53.

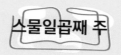

요나

선교자를 훈련시키시는 하나님

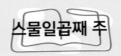

요나: 선교자를 훈련시키시는 하나님

하나님께서는 요나와 같은 연약한 인간을 불러 세워 그의 일을 하시는 분이다. 그가 연약하다고 그를 포기하시지 않으며, 그가 하나님의 진정한 선교자가 될 때까지 그를 훈련하시기를 원하신다. 문화와 생각이 다른 남들을 선교하는 데에는 많은 훈련이 요청되는 것으로, 그들의 영혼을 사랑하며 선교하고 목회하는 것이 결코 쉬운 일이 아니다. 하나님께서는 이런 부족한 선교자인 요나를 훈련하시기 위해 몇 가지의 방안을 마련하셨다. 던지매 훈련, 물고기 훈련, 박넝쿨 훈련, 어찌 훈련 등이다. 성경은 그가 이런 훈련을 통해 어떤 선교자가 되었는지 구체적으로 설명친 않는다. 그러나 우리는 그가 훈련을 통해 보다 신실한 주님의 선교자가 되었을 것이라 확신한다.

1. 씨알 고르기

 1] 요절 **요나 4장 10-11절**

> "여호와께서 이르시되 네가 수고도 아니하였고 재배도 아니하였고 하룻밤에 났다가 하룻밤에 말라 버린 이 박넝쿨을 아꼈거든, 하물며 이 큰 성읍 니느웨에는 좌우를 분변하지 못하는 자가 십 이만여 명이요 가축도 많이 있나니 내가 어찌 아끼지 아니하겠느냐 하시니라."

2] 주제: 선교자를 훈련시키시는 하나님

2. 뿌리 내리기

북왕국 이스라엘에서 활동한 요나는 당시 아시리아의 수도 니느웨에 가서 전도하라는 명령을 받게 된다. 그러나 요나는 거부하였다. 그 이유로는 1) 적국 2) 악한 자들 3) 사회문화적 배경의 차이 등이 있다. 오늘의 우리도 다른 사람을 사랑해서 전도한다는 것이 힘들다. 1) 사람에게는 보이지 않는 적대감이 있다. 2) 서로 간의 성장배경, 곧 사회문화적 차이는 서로 사랑하기 어렵게 한다. 3) 우리 사이에 있는 경쟁의식, 질시, 반목

등에 의해 남을 사랑한다는 것은 쉬운 일이 아니다.

남을 사랑하여 전도하는 것의 어려움을 바울은 다음의 말로 표현한다. "내가 내 몸을 쳐 복종케 함은 내가 남에게 전파한 후에 자신이 도리어 버림이 될까 두려워함이라"(고전 9:27). 전도는 하였으나, 자신은 구원받지 못한다는 것이다. 우리 목회자들에게 하나의 경고가 되는 말씀이다. 전도의 일을 하고 목회자의 일을 한다고 다 구원을 얻는 것이 아니다. 진정한 믿음에서 특히 이웃에 대한 참 사랑을 통하여 전도하고 있는지 반성함이 필요하다. 우리는 그저 의무에서 직업적으로 전도할 때가 있다. 그러나 하나님의 사랑을 가지고 그들을 보는 것이 중요하다. 그들의 영혼에 대한 사랑을 통하여 그들의 불쌍함에 동정할 수 있어야 한다. 요나는 사랑할 수 없기 때문에 전도할 수 없노라고 하였다. 오히려 정직한 사람이다. 우리는 사랑치 않는데도 가식적 사랑을 말하며 전도하곤 한다. 가식적 전도를 통해서라도 복음이 전파된다는 것은 좋은 것이다. 그러나 그러한 전도는 전도하는 자신에게는 무익한 일이다. 교회성장의 논리와 목회자적 직업의식에서만 전도를 생각해서는 안 된다. 영혼에 대한 사랑은 오늘의 시대에 다시 불러일으켜야 하는 중요한 목표다.

남을 사랑한다는 것은 쉬운 일이 아니다. 우리가 남을 사랑하기 위해선 많은 장애들을 극복하여야 한다. 적대감, 문화적 배경의 차이, 성장환경의 차이 등이 남에 대한 사랑의 장애들이다. 고린도전서 9장 18절 이하에서 자유인에겐 자유인 같이, 종에겐 종 같이, 유대인에게는 유대인 같이, 약한 자에겐 약한 자 같이, 부자에겐 부자 같이 가난한 자에겐 가난한 자 같이 행하였다는 바울의 언급이 있는데, 이같이 사랑을 위해서 스스로에 대한 조율이 필요하다. 고린도전서 10장 24절은 "누구든지 자기의 유익을 구하지 말고 남의 유익을 구하라."고 한다.

3. 줄기 세우기

장	주제	소주제	비고
1-2장	요나에게 주어진 첫 번째 사명	1:1-3 첫 사명과 불순종	사명을 회피하며 다시스로 도망하는 요나(욘 1:3)
		1:4-17 요나에 대한 하나님의 징벌	1) 던지매 훈련(욘 1:15)
		2:1-9 물고기 속에서의 요나의 기도	2) 물고기 훈련(욘 2:1)
		2:10 큰 물고기로부터 요나를 구원함	
3-4장	요나에게 다시 주어진 두 번째 사명	3:1-4 두 번째 사명과 순종	요나의 니느웨 선교와 뜻을 돌이키시는 하나님(욘 3:9)
		3:5-10 요나의 선교로 니느웨의 심판이 보류됨	
		4:1-4 요나의 기도	3) 박넝쿨 훈련(욘 4:6-8)
		4:5-11 요나를 책망하시는 하나님	4) 어찌 훈련(욘 4:9-11)

4. 가지 뻗기

요나서는 이방인의 구원의 문제에 대해서도 다룬 책이다. 하나님은 유다 민족이나 교회만을 사랑하시는 분이 아니시며, 온 세상의 백성들이 그를 믿어 구원받기를 원하시는 분이시다. 요나서는 이방인의 하나님에 대한 신앙의 가능성과 구원의 가능성을 말하며 그들을 향한 선교를 부축이고 있다.

요나서는 이방인 중에도 여호와를 경외하는 사람이 있음을 말한다(욘 1:16 참조). 결국 요나서는 아시리아의 수도였던 니느웨의 사람들이 요나의 경고의 말씀을 듣고 회개하여 구원받게 되었음을 증언한다.

> 사람이든지 짐승이든지 다 굵은 베 옷을 입을 것이요 힘써 하나님께 부르짖을 것이며 각기 악한 길과 손으로 행한 강포에서 떠날 것이라. 하나님이 뜻을 돌이키시고 그 진노를 그치사 우리가 멸망하지 않게 하시리라 그렇지 않을 줄을 누가 알겠느냐 한지라. 하나님이 그들이 행한 것 곧 그 악한 길에서 돌이켜 떠난 것을 보시고 하나님이 뜻을 돌이키사 그들에게 내리리라고 말씀하신 재앙을 내리지 아니하시니라(욘 3:8-10).

이와 같이 요나서는 이방인이 선교를 통하여 구원받을 가능성이 있음을 강조하는 책이다. 그러나 이와 같은 하나님의 온 세상에 대한 선교 전략에 대해 요나는 못마땅하게 생각하고 다시스로 도망하려 하였다(욘 1:1-3).

사실 요나의 부르심은 요나에게서 볼 때 굉장히 기뻐해야 할 일이다. 한 사람이 세상에 태어나 남을 위해 일한다는 것은 쉽지 않다. 하나님은 요나를 부르셔서 니느웨의 온 백성들을 구원하고자 하셨다. 이렇게 파괴되고 피폐하며 타락하여 불행한 세상을 일괄적으로 치료하실 분은 하나님밖에 없으며, 그러한 구원을 요나를 통해 니느웨의 많은 백성들에게 베풀고자 하셨던 것이다. 한 사람에게 이런 좋은 기회란 자주 오는 것이 아니다. 많은 사람들을 살리는 일에 자기가 동참한다는 것은 정말로 보람된 일이다. 그러나 요나는 그러한 보람을 보지 못하고 있다. 오히려 요나는 그러한 하나님의 일에 대해 분노하고 있다. 요나 4장 2절에 보면 요나는 니느웨가 구원받는 것을 싫어하였으며, 그렇게 구원하시는 하나님에 대해 분노를 표명하였다고 성경은 말한다. 요나 4장 1절은 요나가 심히 싫어하고 노하였다고 말한다.

요나 4장 2절은 요나의 분노의 이유를 두 가지로 지적한다. 먼저는 니느웨가 망하겠다는 그의 예언이 이루어지지 않음에 대한 분노이며, 다음은 이방 니느웨를 구원하시는 하나님의 구원의 보편성에 대한 분함이다. 사람들의 가장 큰 문제 가운데 하나는 하나님께서 자기만을 사랑하시고 자기만을 축복하실 것을 바라는 것이다. 이기성, 차별화, 배타성 때문에 하나님께서는 자기들에게만 좋은 분이고 남들에게 무서운 분이 되기를 원한다. 이러한 요나의 에고이스트적인 측면을 우리는 그의 절박한 기도 중에서 여실히 찾아볼 수 있다.

요나 4장 2-3절에서의 요나의 기도를 보면, '나'라는 단어가 다섯 번씩이나 반복되고 있음을 보게 되는 것으로, 이러한 요나의 에고이즘적인 집착은 하나님과 주변 사람들에 대한 관심을 무디게 만들었던 것이다. 남들에 대한 진정한 관심을 갖지 못하면 우리는 좋은 헌신의 기회들을 놓칠 수 있다. 나의 이기심이 좋은 세상 만들기를 그르치는 것이다. 좀 더 넓게 보아야 우리는 우리에게 주어진 사명의 중요성을 인식할 수 있게 되는 것이다.

> 여호와께 기도하여 이르되 여호와여 내가 고국에 있을 때에 이러하겠다고 말씀하지 아니하였나이까 그러므로 내가 빨리 다시스로 도망하였사오니 주께서는 은혜로우시며 자비로우시며 노하기를 더디 하시며 인애가 크시사 뜻을 돌이켜 재앙을 내리지 아니하시는 하나님이신 줄을 내가 알았음이니이다 여호와여 원하건대 이제 내 생명을 거두어 가소서 사는 것보다 죽는 것이 내게 나음이니이다 하니 (욘 4:2-3).

5. 꽃으로 피어나기

이러한 요나의 사명회피는 많은 문제를 유발하였다. 우선 도망가는 배에 탄 사람들을 위험하게 하였다. 요나 1장 4절은 여호와께서 큰 바람을 바다 위에 내렸다고 한다. 사명회피는 자기에게 괴로운 일을 뿐 아니라 남들도 괴롭히는 일이 되었다. 그러나 요나는 그런지도 모른 채 배 밑창에서 잠을 자고 있었다(욘 1:5). 교회에서 일어나는 많은 문제들이 목회자들에게서 연유되는 것이 많다. 그러나 목회자는 그러한 어려움도 모른 채 배 밑에서 잠잘 때가 있다.

그러나 하나님은 니느웨 구원을 향한 그의 의지를 결코 포기하시지 않으신다. 하나님께서는 요나를 훈련함을 통해 다시 그를 선교의 현장으로 보내셨던 것이다. 이런 선교자 요나를 향한 하나님의 훈련 모습을 네 가지로 간추릴 수 있다.

1) 던지매 훈련(욘 1:4-16)

하나님께서 요나를 바람직한 선교자로 만들기 위해 첫 번째 하신 훈련은 던지매 훈련이다. 요나서 1장 15절은 다음과 같이 말한다. "요나를 들어 바다에 던지매 바다가 뛰노는 것이 그친지라."요나는 다시스로 가는 길에 폭풍을 만났으며 사람들에게 폭풍의 원인으로 지목되어 바다에 던져짐을 당하게 된다. 이와 같이 선교자는 남들로부터 배척되고 던져짐을 당하며 훈련을 받게 된다. 살다 보면 남들에게 괜한 미움을 받을 때가 있으며 남의 고통을 대신 지고 그들로부터 외면당할 때가 있는데, 우리는 이런 경험을 선교자를 훈련하시는 하나님의 손길로 인식하는 것이 필요하다.

2) 물고기 훈련(욘 1:17-2:10)

한 사람이 남을 선교한다는 것은 쉽게 되는 것이 아니다. 그것은 상당한 훈련을 거쳐서만 가능하다. 하나님께서는 도망하고 싫어하는 요나를 여러 면으로 교육하심을 통하여, 그를 선교의 사역에 다시 불러 세우시고 계신다. 하나님은 요나를 물고기의 뱃속에 3일을 가두어 놓으셨다. 이 훈련을 우리는 '물고기 훈련'으로 부를 수 있겠다.

인간은 고통을 통해 사람이 된다. 영성훈련도 그렇다. 결국 고난을 통해 하나님께서는 인간을 훈련 시키신다. 사방이 꽉 막힌 것 같은 어려움의 시간들을 통해 하나님께서는 요나를 사명의 길로 이끄시고 계신다. 물고기 뱃속의 캄캄함 속에서도 큰 물고기는 쏜살같이 달려 요나를 니느웨 해변가로 인도했다(욘 2:10). 이에 우리는 고린도후서 4장 8절의 말씀에서와 같이, 사방으로 우겨쌈을 당하여도 싸이지 아니하며 답답한 일을 당하여도 낙심치 아니하는 사명의 사람들이 되어야겠다. 하나님께서는 우리의 고통을 통해 우리를 훌륭한 선교자로 만드시길 원하시는 분이시다.

3) 박넝쿨 훈련(욘 4:5-10)

요나는 니느웨 백성들에게 성의 없이 하나님의 말씀을 선포하였을 것이다. 열심히 전하지도 않았으니 그런 전도를 듣고 니느웨 백성들이 회개할 것이 만무하고, 그리하여 요나는 그들의 멸망을 지켜보고자 했었을 것 같다. 박넝쿨 훈련은 물고기 훈련보다는 작은 훈련이다.

하나님께서는 박넝쿨을 벌레로 먹게 하심을 통하여 요나를 훈련하셨다. 요나는 니느웨성이 무너지는 것을 보려고 성 동편에 앉아 있었으며(욘 4:5), 무더운 그날 때마침 박넝쿨이 그늘이 되었다. 이후 하나님께서는 그 박넝쿨을 벌레가 먹게 하셨으며, 또한 더운 동풍을 불게 하여 요나로 하여금 고통이 되게 하셨다. 이에 대해 요나는 불평했던 것이다. 이와 같은 박넝쿨은 우리에게 잠시의 평안과 쾌락을 주는 것들을 말한다. 권력과 명예, 건강과 재산 등이 이런 박넝쿨로서 우리는 그러한 것에 궁극적으로 의지해서는 안 된다.

4) 어찌 훈련(욘 4:9, 11)

하나님께서는 요나서에서 두 가지의 인내를 보이시고 있다. 먼저는 니느웨 사람들을 향한 인내이며, 다음은 요나에 대한 인내이다. 요나서는 오히려 후자의 인내를 더 집중적으로 조명하고 있다. 하나님은 요나의 말도 안 되는 논리를 끝까지 듣고 계신다. 그렇게 하나님의 뜻에서 벗어나려고 하는 그를 하나님께서는 끝까지 기다리고 계셨던 것이다.

'어찌'라는 단어가 포함된 두 개의 문장이 나타난다. 요나 4장 4절의 "여호와께서 이르시되 너의 성냄이 어찌 합당하냐 하시니라."요나 4장 11절의 "하물며 이 큰 성읍 니느웨에는 좌우를 분변하지 못하는 자가 십 이만여 명이요 가축도 많이 있나니 내가 어찌 아끼지 아니하겠느냐 하시니라."라는 말씀이다. 우리는 이 질문을 통한 훈련을 '어찌 훈련'이라 부를 수 있을 것 같다. 하나님께서는 요나에게 두 가지의 질문을 하신다. 먼저는 그의 태도에 대한 질문이며, 다음은 하나님의 태도에 대한 질문이다. 요나를 향해서는 그와 같이 성내는 것이 어찌 합당한 일이냐고 물었으며, 자신에 대해서는 큰 성읍 니느웨에는 좌우를 분변하지 못하는 자가 십 이만여 명이요 가축도 많이 있는데 하나님께서 어찌 아끼지 아니하겠느냐는 것에 대한 질문이다. 하나님께서는 "내가 아끼는 것이 당연한 것이니 너는 잔말을 하지 말라"라는 말을 요나에게 할 수도 있었다. 그러나 마지막까지도 하나님은 요나의 동의를 구하시고 있다.

6. 열매 맺기

그렇게 하나님께서는 요나와 같은 연약한 인간을 불러 세워 그의 일을 하시는 분이다. 그가 연약하다고 그를 포기하시지는 않으신다. 그가 하나님의 진정한 일꾼이 될 수 있을 때까지 그를 훈련하기를 원하신다. 이 세상에서 동료 인간들과 일하는 데에는 이런 인내가 필요하며, 문화와 생각이 다른 남들을 선교하는 데에는 많은 훈련이 요청되는 것이다. 영혼을 사랑하며 목회하는 것과 목회를 위한 목회를 하는 것은 같은 것이 아니다. 요나서는 위의 두 가지의 질문에 대해 요나가 어떤 대답을 하였는지는 구체적으로 말하지는 않는다. 하지만 우리는 그가 훈련을 통해 보다 신실한 주님의 선교자가 되었을 것이라 확신한다.

7. 열매 나누기

1) 선교에 있어서의 종족적이며 문화적인 장애에 대해 말해 보자.

2) 인간은 어느 정도 서로에게 적대적인 입장에 서있다. 이러한 다른 사람들에 대한 적대감을 극복할 수 있는 방법은 무엇인가?

  3) 다른 사람의 겉모습을 사랑하는 것과 다른 사람의 영혼을 사랑하는 것 사이의 차이에 대해 말해보자.

  4) 예수 안 믿는 사람들에 대한 기독교인의 바른 태도에 대해 논의해보자.

  5) 요나서와 사도 바울의 사상을 연관하여 생각해보자.

8. 참고문헌

1) 이상욱.『요나서에 나타난 요나의 심리적 갈등연구』(미간행석사학위 논문). 서울: 장로회신학대학 신학대학원, 1990.
2) 이광순. "요나서를 통해 본 선교,"『선교와 신학』, 제1호 (1998년), 45-70.
3) 임태수. "요나서에 나타난 범세계주의와 평화사상,"『기독교사상』, 제341호 (1987 5.), 98-111.
4) Stuart, Douglas.『호세아, 요엘, 아모스, 오바댜, 요나: WBC 주석시리즈 31』, 김병하 역. 서울: 솔로몬, 2011.
5) Allen, Leslie C. *The Books of Joel, Obadiah, Jonah, and Micah*. NICOT. Grand Rapids: Eerdmans, 1976.

6) Fretheim, Terence E. *The Message of Jonah: A Theological Commentary.* Minneapolis: Augsburg, 1977.

7) Martin. Hugh. *The Prophet Jonah: His Character and Mission to Nineveh.* London: Banner of Truth Trust, 1958.

8) Ruether, Rosemary Radford. *The Wrath of Jonah: The Crisis of Religious Nationalism in the Israeli-Palestinian Conflict.* New York: Harper & Row, 1989.

9) Luthman, Paul E. "A Jonah for Today," *Theology Today,* vol. 38 no. 4 (1982. 1.), 494ff.

스물여덟째 주

미가, 스바냐
심판과 구원에 대한 예언

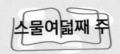

미가, 스바냐: 심판과 구원에 대한 예언

　구약의 선지자들의 예언은 크게 두 가지의 내용을 담고 있다. '심판'과 '구원'이다. 예언자들은 이스라엘의 죄악을 고발하며 하나님께서 그 죄악을 심판하실 것을 말하였으며, 동시에 적당한 때가 이르면 그 심판 중에 있는 백성을 구원하실 것이라 말한다. 하나님께서는 우리의 죄에 대해서 심판하시지만, 택한 백성들이 심판을 통하여 멸망하는 것을 바라시지 않으신다. 그는 그러한 심판의 고통을 통하여 그들의 백성이 정화되고 하나님 앞에 다시 나아와 구원받을 것을 바라시는 분이시다. 미가서와 스바냐서는 이러한 심판과 구원으로 구성된 예언의 전형적인 모습을 보여준다. 미가는 주전 8세기 예언자이고, 스바냐는 주전 7세기 예언자들인데, 이 둘은 하나님은 심판의 주이심과 동시 우리를 구원하시는 주이시기도 함을 강조한다.

　불에 탄 산야에서도 새싹이 돋아나듯 하나님은 그의 심판을 통해 진멸된 백성 가운데에서도 '남은 자'로서의 생명의 싹을 틔우시는 분이시다. 모든 것이 죽은 것 같은 곳에서도 남은 생명의 그루터기는 있게 마련이다. 아울러 이 두 책은 구원자 그리스도를 이 세상에 보내어 죽을 수밖에 없는 인간을 그들의 죽음에서 건지시고, 그의 나라를 그들과 함께 다시 세우실 것을 전한다.

1. 씨알 고르기

1) 요절 　미가 7장 18-19절

> "주와 같은 신이 어디 있으리이까 주께서는 죄악과 그 기업에 남은 자의 허물을 사유하시며 인애를 기뻐하시므로 진노를 오래 품지 아니하시나이다. 다시 우리를 불쌍히 여기셔서 우리의 죄악을 발로 밟으시고 우리의 모든 죄를 깊은 바다에 던지시리이다."

2) 주제: 하나님의 심판과 구원

2. 뿌리 내리기

　구약의 선지자들의 예언은 크게 두 가지의 내용을 담고 있다. '심판'과 '구원'이다. 예언자들은 이스라엘의 죄악을 고발하며 하나님께서 그 죄악을 심판하실 것을 말하였으며, 동시 적당한 때가 이르면 그 심판 중에 있는 백성을 구원하실 것이라 하였다. 하나님께서는 우리의 죄에 대해서 심판하시지만 택한 백성들이 심판을 통하여 멸망하는 것을 바라시지 않으신다. 그는 그러한 심판의 고통을 통하여 그들의 백성이 정화되고 하나님 앞에 다시 나아와 구원받을 것을 바라시는 분이시다. 미가서와 스바냐서는 이러한 심판과 구원으로 구성된 예언의 전형적인 모습을 보여준다. 미가는 주전 8세기 예언자이고, 스바냐는 주전 7세기 예언자들인데, 이 둘은 하나님은 심판의 주이심과 동시 우리를 구원하시는 주이시기도 함을 강조한다.

3. 줄기 세우기

1) 미가서의 줄거리

장	주제	소주제	핵심 개념
1-3장	북 왕국 사마리아와 남 왕국 유다의 멸망에 대한 예언	1-2장 이스라엘 백성들을 향한 심판	재앙
		3장 이스라엘 지도층들을 향한 심판	
4-5장	미래의 왕국과 미래를 구원할 왕	4:1-4:5 끝날에 여호와께서 이스라엘에 이루실 평화	구원
		4:6-5:1 포로로부터의 해방을 약속하심	
		5:2-5:15 베들레헴에서 한 다스리는 왕이 나타나 열방을 심판하실 것임	
6-7장	심판과 구원에 따른 회개와 돌이킴의 촉구와 축복의 메시지	6:1-6:9 첫 번째 촉구와 미가의 답변	회개
		6:10-7:6 두 번째 촉구와 미가의 답변	
		7:7-7:20 하나님의 구원에 따른 이스라엘의 회복과 찬양의 기도(미 7:14-20)	

2) 스바냐서의 줄거리

장절	주제	소주제	핵심 개념
1:1-3:8	유다와 이방나라들에 대한 심판의 메시지	1:1-1:3 온 세상을 향한 심판 선언	진노와 심판으로서의 여호와의 날(주의 날)
		1:4-2:3 유다 민족을 향한 심판	
		2:4-2:16 주변의 이방 나라들에 대한 심판	
		3:1-3:7 예루살렘성을 향한 심판	
		3:8 분명히 온 세상 나라들을 심판할 것임	
3:9-3:20	유다와 이방 나라들에 대한 축복과 회복의 메시지	3:9-3:13 이스라엘의 남은 자와 이방 나라들이 죄로부터 돌이킬 것을 말함	회복과 구원의 날로서의 주의 날
		3:14-3:20 미래 이스라엘이 받을 축복과 구원에 대한 예언	

4. 가지 뻗기

미가서와 스바냐서가 공동으로 말하는 내용 가운데 하나는 '남은 자'(remnant)에 대한 사상이다(미 4:7, 5:7, 습 3:12-13). 그들은 인간을 의지하지 않고 자신을 여호와께 의탁하는 자로서, 하나님께서는 그들을 통하여 그의 구원을 이루어나갈 것을 말하고 있다.

5. 꽃으로 피어나기

미가와 스바냐는 이스라엘의 구원의 메시지를 선포하는 중, 신약의 그리스도의 모습을 우리에게 미리 예언하고 있다.

미가 5장 2절, "베들레헴 에브라다야 너는 유다 족속 중에 작을지라도 이스라엘을 다스릴 자가 네게서 내게로 나올 것이라 그의 근본은 상고에, 영원에 있느니라."

스바냐 3장 14-17절은 예루살렘의 거민들에게 구원을 베푸실 전능자 예수 그리스도께서 오실 것을 예언하였다.

> 시온의 딸아 노래할지어다 이스라엘아 기쁘게 부를지어다 예루살렘 딸아 전심으로 기뻐하며 즐거워할지어다 여호와가 네 형벌을 제거하였고 네 원수를 쫓아냈으며 이스라엘 왕 여호와가 네 가운데 계시니 네가 다시는 화를 당할까 두려워하지 아니할 것이라 그날에 사람이 예루살렘에 이르기를 두려워하지 말라 시온아 네 손을 늘어뜨리지 말라 너의 하나님 여호와가 너의 가운데에 계시니 그는 구원을 베푸실 전능자이시라 그가 너로 말미암아 기쁨을 이기지 못하시며 너를 잠잠히 사랑하시며 너로 말미암아 즐거이 부르며 기뻐하시리라 하리라(습 3:14-17).

6. 열매 맺기

불에 탄 산야에서도 새싹이 돋아나듯 하나님은 그의 심판을 통해 진멸된 백성 가운데에서도 생명의 싹을 티우시는 분이시다. 모든 것이 죽은 것 같은 곳에서도 남은 생명의 그루터기는 있게 마련이다. 이 두 책은 구원자 그리스도를 이 세상에 보내어 죽을 수밖에 없는 인간을 그들의 죽음에서 건지시고, 그의 나라를 그들과 함께 다시 세우실 것을 말한다. 이러한 구원은 인간의 의와 노력에 의해서가 아니라 하나님의 사랑의 본성에 기인하는 것임을 두 저자는 전한다. 미가 7장 18-20절에서 미가는 하나님께서 긍휼과 인애의 하나님임을 언급한다. 그는 노를 항상 품지 않으시며 우리의 죄악을 사하시는 분이라는 것이다. 스바냐 3장 17절도 하나님은 우리를 잠잠히 사랑하시는 분으로 묘사한다(3:11 참조). 그의 이러한 긍휼과 사랑의 은총에 의해 우리가 구원되는 것이나, 하나님은 우리에게 이러한 구원에 합당한 회개와 돌이킴을 요구하신다. 스바냐 3장 12절은 우리가 그에 의탁하여야(trust) 함을 말하며(3:2 '의뢰'), 미가 6:8은 우리가 겸손히 하나님과 함께 행할 것을 강조한다.

7. 열매 나누기

1) 미가 3장에 나타난 정치지도자 및 종교 지도자(선지자) 등의 악행의 내용과 그들에 미칠 심판의 내용들을 열거하시오.

2) 하나님께서 우리를 심판하시는 목적은 무엇인지 논의해 보자.

3) 미가 2장에 나타난 하나님의 심판의 이유에 대해 설명하시오.

4) 하나님의 구원과 회복하심에 있어 회개의 중요성에 대한 논의해보자.

5) 미가 6장 8절의 말씀("사람아 주께서 선한 것이 무엇임을 네게 보이셨나니 여호와께서 네게 구하시는 것은 오직 정의를 행하며/ 인자를 사랑하며/ 겸손하게 네 하나님과 함께 행하는 것이 아니냐.")을 묵상해보자.

8. 참고문헌

1) 김용진. 『미가서에 나타난 공의에 관한 연구』(미간행석사학위논문). 서울: 장로회신학대학교 신학대학원, 1991.

2) 박준서. "왕족 출신의 예언자 스바냐," 『월간목회』, 제130호 (1987. 6.), 174-183.

3) 이학재. "미가서의 구조와 신학," 『그 말씀』, 제143호 (2001. 5.), 30-37. 랄프 스미스, 『미가 말라기』WBC 주석, 솔로몬, 2001

4) Allen, Leslie C. *The Books of Joel, Obadiah, Jonah, and Micah.* NICOT. Grand Rapids: Eerdmans, 1976.

5) Ball, Ivan Jay. Jr. *A Rhetorical Study of Zephaniah.* Berkeley: Bibal, 1988.

6) Ben Zvi, Ehud. *A Historical-critical Study of the Book of Zephaniah.* Berlin: de Gruyter, 1991.

7) Wolff, Hans Walter. *Micah the Prophet,* trans. by Ralph D. Gehrke. Philadelphia: Fortress, 1981.

8) Sweeney, Marvin. "A Form-Critical Reassessment of the Book of Zephaniah," *The Catholic Biblical Quarterly,* vol. 53 no. 3 (1991. 7.). 388ff.

9) Terrien, Samuel. "The Remnant," *Union Seminary Quarterly Review,* vol. 28 no. vol. 3 (1973. 4.), 259ff.

스물아홉째 주

하박국

신정론의 문제

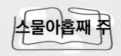

하박국: 신정론의 문제

하박국서는 남왕국 유다의 멸망 즈음에 활동한 예언자로서 당시 유다 왕국 내의 두 가지의 악을 보고 있다. 먼저는 이스라엘 백성들의 악이며, 다음은 이스라엘은 공격하는 잔악한 바벨론 왕국의 악이다. 이러한 상황에 직면하여 하박국은 다음 두 가지의 질문을 한다. "하나님께서는 그가 택하신 나라인 유다 내에 악이 계속되도록 허락하시는 분이신가?"라는 질문과 "어떻게 하나님께서 갈대아(바벨론)의 잔악함과 타협하실 수 있는가?"라는 질문이다. 이에 대해 하박국은 하나님의 의로우심을 견지하며, 하나님께서는 유다 왕국 내의 악을 심판하실 뿐 아니라 잔인한 바벨론 왕국에 대해서도 심판하실 것임을 말하고 있다. 하나님께서는 그 속에 악이 조금도 없으신 분으로 우리는 이 세상의 악을 하나님께 귀속시킬 수 없음을 하박국은 신정론의 입장에서 설명하고 있다. 하나님께서는 공의를 세우시는 분으로 악한 존재들은 결국 이 세상에서 사라져 영벌의 지옥 속에 갇히게 되고 말 것으로서, 우리는 하나님의 선하심과 공의로우심을 믿고 신뢰해야 할 것이다.

1. 씨알 고르기

  하박국 3장 13절

1) 요절

"주께서 주의 백성을 구원하시려고, 기름 부음 받은 자를 구원하시려고 나오사 악인의 집의 머리를 치시며 그 기초를 바닥까지 드러내셨나이다 (셀라)."

2) 주제: 신정론의 문제

2. 뿌리 내리기

하박국은 주전 7세기 남왕국 유다가 멸망하기 직전 활동한 예언자로서, 민족이 파멸의 나락으로 떨어지는 아픔을 같이 한 자였다. 그는 이스라엘 백성들이 악에 거하며 정의를 굽게 하는 것을 하나님 앞에서 한탄하였다. 유다의 악과 유다를 침략하는 바벨론의 악을 보며 하박국은 하나님의 공의가 어디 있는지 묻고 있다. 그는 굽은 것이 없으신 공의의 하나님을 신뢰하는 믿음 가운데에서 오늘의 악한 현실을 탄식하면서, 주님을 선한 하나님으로서 끝까지 신뢰할 수 있기를 소망했던 것이다.

이와 같이 하박국서는 하나님의 공의와 선하심에 대해 질문하는 책이다. 보통 하나님의 공의에 대한 신학적 논의는 신정론(神正論, theodicy)이란 이름으로 언급되는데, 신정론의 용어는 라이프니쯔의 『단자론』에서 처음 사용된 것으로 선한 하나님께서 이 세상을 창조하였는데 왜 악이 있느냐 하는 문제를 다룬다. 악이 있다면 그 악에 대한 책임이 세상을 창조하신 하나님에게 있는 것이 아니냐는 질문을 신정론은 한다. 이러한 신정론에 대한 고전적인 신학적 대답은 아우구스티누스의 '악은 선의 결핍(the deficiency of good)'이란 이론이다. 악은 악이 있는 것이 아니라, 선이 없는 것이라는 것이다. 악은 선이 없는 것이므로 그렇게 비존재 하는 것에 대한 책임을 하나님에게 물을 수 없다는 주장이다.

이같이 신정론의 문제를 다루는 하박국서는 결국 하나님께서는 공의의 하나님이심을 강조한다. 그런데 그가 창조하신 이 세상에 왜 악이 존재하는지, 그리고 왜 하나님께서는 그러한 악을 내버려 두시는지를 하박국은 계속 묻고 있다. 공의의 하나님이라면 그럴 수 없다고 하박국은 생각하였던 것이다.

이에 대해 하박국서는 악은 잠정적인 것으로 하나님께서는 모든 악들을 심판하실 것이라고 말한다. 악은 강하게 존재하는 것 같지만 안개와 같이 곧 사라질 비존재(non-being)의 영역에 속한 것으로, 결국 악은 진멸되고 없어지는 것임을 하박국서는 강조한다. 그러므로 우리는 악의 실체 앞에서 두려워할 필요 없다. 하나님께서는 공의를 세우시는 분으로 악한 존재들은 결국 이 세상에서 사라져 영벌의 지옥 속에 갇히게 되고 말 것으로서, 우리는 하나님의 선하심과 공의로우심을 믿고 신뢰해야 할 것이다.

3. 줄기 세우기

1) 하박국 1장 1절: 머리말

선지자 하박국의 묵시로 받은 경고라.

2) 하박국 1장 2절-2장: 하박국의 질문들

(1) 첫 번째 질문/ 하박국 1장 2-4절: 하나님께서는 그가 택하신 나라인 유다 내에 악이 계속되도록 허락하시는 분이신가? 특히 이스라엘 내에서 의인이 악인으로부터 어려움을 당하는 일들이 자주 있는데, 이런 불의가 영속된다면 하나님을 공의의 하나님으로 말하기 어렵지 않은가?

(2) 첫 번째 대답/ 하박국 1장 5-11절: 하나님은 악을 그대로 내버려두시지 않는다. 하나님께서는 갈대아인들로 이스라

엘 백성들의 악을 징벌하는데 사용하실 것이다. 여기서 갈대아인이란 바벨론 사람들을 말하는 것으로, 바벨론를 통한 유다왕국 심판에 대한 예언이다. 하나님께서는 악인의 힘을 이용하여 악인을 심판하실 때가 많다. 악한 자들도 다 쓰일 때가 있다. 악이 보다 큰 선을 위하여 쓰이게 된다는 것이다. 얼핏 보면 악이 단독적으로 존재하는 것 같지만, 큰 전망에서 보면 그 악도 선을 이루는 방편으로 쓰이고 있음을 알게 된다. 모든 것이 합력하여 선을 이루게 되는 것으로 악도 보다 큰 선에 봉사하고 있다(롬 8:28).

악은 징계받기 전에는 돌이키기가 쉽지 않은 것으로 악행의 타성은 간단히 고쳐지기 어렵다. 이어 하박국은 하나님께서 악을 왜 빨리 징벌하시지 않으시는가에 대해 질문한다. 하나님은 정한 때를 기다리시는 분이시므로 우리도 이 문제를 너무 성급히 생각해서는 안 된다. 하나님께는 하루가 천년 같고, 천년이 하루와 같다(벧후 3:8).

(3) 두 번째 질문/ 하박국 1장 12-17절: 두 번째의 질문은 하나님께서는 바벨론과 같은 악한 백성으로 유다를 징벌하는데 사용하셨는가라는 것이다. 어떻게 하나님께서 갈대아인들의 잔악함과 타협하실 수 있는가를 하박국은 묻고 있다.

(4) 두 번째 대답/ 하박국 2장 1-20절: 결국은 갈대아인들도 하나님께 심판받을 것을 말한다. 2장 4-20절은 바벨론의 죄악상과 그에 대한 심판에 대해 세세히 설명하는데, 바벨

론의 죄로서 노략물에 대한 탐욕(합 2:4-8), 부당한 이익 추구(합 2:9-11), 수탈과 강제 노역의 부과(합 2:12-14), 이웃의 타락과 멸망을 조장하고 폭력을 행사함(2:15-17), 우상숭배와 우매함(2:18-20)의 다섯 가지의 죄들과 그에 대한 심판들이 열거되고 있다.

최종적으로 하나님께서는 바벨론의 큰 악도 심판하시는 것으로, 하박국 2장 20절은 이르길, "오직 여호와는 그 성전에 계시니 온 땅은 그 앞에서 잠잠할지니라 하시니라."라고 선포한다. 악이 아무리 무시무시한 것 같아도 하나님 앞에선 아무 것도 아닌 것으로, 오직 하나님만이 계속적으로 증폭되는 악의 고리를 끊으실 수 있으시다.

3) 3장 하나님의 공의에 대한 신뢰와 찬양의 기도

(1) 하박국 3장 1-3절: 기도의 시작

(2) 하박국 3장 4-15절: 하나님의 권능과 심판

(3) 하박국 3장 16-19절: 하나님의 구원에 대한 신뢰와 기다림이 필요하다(합 2:3). 현재 고통을 당할지라도 하나님은 악을 물리치고 우리 모두를 구원하실 것이다. 하박국 3장 17-18절의 말씀이다.

비록 무화과나무가 무성하지 못하며 포도나무에 열매가 없으며 감람나무에 소출이 없으며 밭에 먹을 것이 없으며 우리에 양이 없으며 외양간에 소가 없을지라도, 나는 여호와로 말미암아 즐거워하며 나의 구원의 하나님으로 말미암아 기뻐하리로다.

이 같은 하박국의 줄거리를 문단을 나누어 표로 만들면 다음과 같다.

장절	주제	소주제	질문의 내용
1:1-2:20	하박국의 두 가지 질문에 대한 하나님의 두 번의 대답	1:1-1:4 첫 번째 질문	하나님께서는 그가 택하신 나라인 유다 내에 악이 계속되도록 허락하시는 분이신가?
		1:5-1:11 첫 번째 대답	때가 되면 하나님께서 바벨론의 사용하여 유다의 악을 심판하실 것이다.
		1:12-2:1 두 번째 질문	어떻게 하나님께서 갈대아(바벨론)의 잔악함과 타협하실 수 있는가?
		2:2-2:20 두 번째 대답	큰 악 바벨론도 결국 하나님으로부터 심판을 받을 것이다.
3:1-3:12	하박국의 찬양의 기도	하나님께서는 의인을 구원하실 것이다(합 3:13).	하나님의 공의에 대한 신뢰와 찬양

4. 가지 뻗기

하박국에는 다음과 같은 유명 구절들이 있다.

1) 하박국 2장 4절 "보라 그의 마음은 교만하며 그 속에서

정직하지 못하나 의인은 그의 믿음으로 말미암아 살리라."이 구절은 사도 바울과(롬 1:17, 갈 3:11) 종교개혁자 마틴 루터에게 많은 영향을 주었다. 여기서 '그의 마음'에서 '그'는 바벨론을 가르킨다. 바벨론의 많은 죄악이 있지만 교만하여 스스로를 높이고 곧지 못한 행동을 하여 심판을 받게 된다는 것이다. 하나님 앞에서 스스로를 높여 교만하면 인간을 향한 곧지 않은 온갖 죄를 짓게 마련이다.

이어 본문은 바벨론과 대조되는 의인의 삶을 말하는데, 의인의 삶에 있어 가장 중요한 모습은 믿음 곧 하나님에 대한 신실함임을 강조한다. 이러한 믿음은 하나님에 대한 신실함만 지적하는 것이 아니며, 인간을 향해서도 신실하여 겸손하고 의롭게 사는 삶을 강조한다. 당시 이스라엘 사람들은 하나님 앞에 신실하지 못해 우상을 섬겼으며 이웃을 약탈하는 이중적 삶을 살았는데 이에 대해 비판하는 것이다. 이 본문이 강조하는 바는 "믿음을 가진 의인은 살리라"는 것이지만, 이 말씀은 "의인은 믿음으로 살리라"는 사도바울의 신학과도 잘 연결된다. 우리가 하나님 앞에서 의로운 자로서 거듭나는 것은 우리의 행위로 되는 것이 아니며, 말씀에 대한 믿음에서 출발하는 것임을 하박국과 바울 모두 강조하였던 것이다. 이러한 본문들에서 우리는 하나님의 말씀에 집중하여 이에 대한 믿음을 가지고 신실히 사는 것이 이웃을 향한 사랑의 행위를 야기하는 것임을 다시 확인하게 된다.

2) 하박국 2장 14절 "이는 물이 바다를 덮음 같이 여호와의 영광을 인정하는 것이 세상에 가득함이니." 이 본문도 하나님의 공의로우심으로서의 신정론과 연결되는 것으로, 하나님께서는 심판을 통해 자신의 공의로우심과 영광을 드러내신다는 말씀이다.

5. 꽃으로 피어나기

하박국 3장 6절의 말씀이다. "그가 서신즉 땅이 진동하며 그가 보신즉 여러 나라가 전율하며 영원한 산이 무너지며 무궁한 작은 산이 엎드러지나니 그의 행하심이 예로부터 그러하시도다." 인간은 작은 악도 심판하기가 어렵다. 다른 사람을 애매히 못살게 하는 자들의 악을 징계하는 것이 쉽지는 않다. 물론 국가의 법을 통해 그러한 자들이 처벌을 받기도 하지만 그 심판이 철저하지 못할 때가 많다. 특히 커다란 범죄일수록 처벌이 더 용이하지 않다. 작은 범죄자들을 감옥에 가나 큰 범죄자들은 오히려 상을 받을 때도 있다. 이러한 인간의 힘으로 어찌할 수 없는 악들을 하나님께서는 징벌하시고 정리하신다. 열방이 자신의 힘과 악을 아무리 뽐내어도 하나님 앞에서는 아무 것도 아니다. 모든 자들이 다 예수 그리스도의 심판대 앞에 서게 될 것이다(계 20:12-15).

6. 열매 맺기

우리는 악으로부터 고통을 당할 때가 있다. 특히 의롭게 살았음에도 불구하고, 악한 상대로부터 핍박을 당할 때도 있다. 우리는 그때마다 하나님의 공의로우심과 심판하심에 의지해야 한다. 악한 자가 최종적으로 살아남는 것이 아니며, 선이 승리하고 의인이 살아남게 될 것이다. 하나님 안에는 악이 존재할 수 없는 것으로 모든 창조된 것들이 다 선함으로 귀결됨을 우리는 깨달아야 한다. 물론 합력하여 선을 이루는 데에 시간이 걸릴 수 있지만, 영원의 시각에선 그 시간은 별것이 아니다. 그러므로 우리에겐 믿음 안에서 기다림의 인내가 요청된다(합 3:16).

> 이것들을 증언하신 이가 이르시되 내가 진실로 속히 오리라 하시거늘 아멘 주 예수여 오시옵소서. 주 예수의 은혜가 모든 자들에게 있을지어다 아멘(계 22:20-21).

7. 열매 나누기

1) 선하신 하나님께서 이 세상을 창조하셨는데, 이 세상에 악이 존재하는 것에 대해 어떻게 해석할 수 있는지 말하여보자.

2) 하박국 2장 5-20절에 나타나는 바벨론의 다섯 가지 죄와 그에 따른 재앙들(합 2:4-8/ 9-11/ 12-14/ 15-17/ 18-20)에 대해 자세히 살펴보며, 오늘의 역사에서 그러한 악들이 어떻게 되풀이되는지 논의해보자.

3) 한국 역사에 나타난 악한 나라들의 횡포에 대해 말해보자.

4) 이 세상은 최종적으로 선으로 귀결될 것인지 아니면 악으로 귀결될 것인지 논의하여보자.

5) 하나님 앞에서 교만한 것과 하나님을 의지하고 신뢰하는 신앙을 가지는 것에 대해 서로 대조하여 비교해보자.

8. 참고문헌

1) Gowan, Donald E. 『의인의 고난: 하박국서 연구』, 임태수 역. 서울: 대한기독교출판사, 1979.

2) Smith, Ralph L. 『미가-말라기: WBC 32』, 채훈 역. 서울: 솔로 몬, 2006.

3) Peckham, Brian. "The Vision of Habakkuk." *The Catholic Biblical Quarterly,* vol. 48 no. 4 (1986. 10.). 617ff.

4) Robertson, O. Palmer. *The Books of Nahum, Habakkuk, and Zephaniah.* NICOT. Grand Rapids: Eerdmans, 1990.

5) Sweeny, M. A. "Structure, Genre and Intent in the Book of Habakkuk," *Vetus Testamentum,* vol. 41 no. 1 (1991. 1.), 63-83.

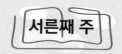
서른째 주

학개, 스가랴, 말라기
참된 성전과 참된 제사

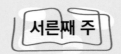

학개, 스가랴, 말라기: 참된 성전과 참된 제사

　　학개, 스가랴, 말라기의 세 예언자들은 주전5-6세기에 남왕국 유다의 수도 예루살렘에서 활동한 자들로서, 이스라엘이 70년 바벨론 포로 생활을 마치고 귀환한 후 활동하였다. 이들이 활동한 때는 역사서 에스라와 느헤미야 시대와 겹치는데, 이 시기 이스라엘인들은 바벨론 포로 기간에 무너진 성전과 성벽을 재건하며 민족중흥에 가치를 들었었다. 특히 이 세 예언자의 활동의 시기는 구약시대가 끝나는 때로서, 예수 그리스도의 오심을 대망하는 메시아에 대한 기대와 예언으로 가득 차 있다.

　　학개와 스가랴는 성전의 문제와 이스라엘의 바른 행동을 대비한 반면, 말라기는 이스라엘의 제사와 그들의 바른 행위를 연관시키고 있다. 특히 말라기서는 바른 행동 속에서 바른 성전이 서는 것처럼, 바르게 행동함 속에 바른 제사와 예배가 드려지는 것임을 멀라기는 강조한다. 말라기 3장 3절은 의로운 제물을 여호와께 드릴 것을 언급한다. 선한 노동의 결과 바쳐진 제물만을 하나님께서는 열납하시지 불의의 제물을 그는 기뻐하시지 않으신다. 또한 우리는 하나님께 온전한 십일조를 바쳐야 하는 것이다.

　　학개, 스가랴, 말라기, 모두 참된 성전은 메시아이신 예수 그리스도의 오심을 통해 지어지게 됨을 말한다. 학개 2장 9절과 2장 23절은 예수 그리스도의 오심에 대해 예언한다. 그가 오셔서 이전 영광보다 더 큰 영광의 성전이 건축될 것이며, 당시 귀환한 유다 총독이었던 스알디엘의 아들 스룹바벨의 가계에서 예수 그리스도가 태어날 것임을 학개 선지자는 말하고 있다.

1. 씨알 고르기

1) 요절 스가랴 13장 1절

"그 날에 죄와 더러움을 씻는 샘이 다윗의 족속과 예루살렘의 주민을 위하여 열리리라." 이 본문은 예수 그리스도의 오심을 미리 예견하고 있다. 우리의 힘에 의해서가 아니라 주의 은총에 의해 우리의 성전과 제사와 행위들은 거룩함을 입게 된다는 것이다.

2) 주제: 참된 성전과 참된 제사

2. 뿌리 내리기

학개, 스가랴, 말라기의 세 예언자들은 주전5-6세기에 남왕국 유다의 수도 예루살렘에서 활동한 자들로서, 이스라엘이 70년 바벨론 포로 생활을 마치고 귀환한 후 활동하였다. 이들이 활동한 때는 역사서 에스라와 느헤미야 시대와 겹치는데, 이 시기 이스라엘인들은 바벨론 포로 기간에 무너진 성전과 성벽을 재건하며 민족중흥에 기치를 들었었다. 특히 이 세 예언자의 활동의 시기는 구약시대가 끝나는 때로서, 예수 그리

스도의 오심을 대망하는 메시아에 대한 기대와 예언으로 가득
차 있다.

3. 줄기 세우기

1) 학개

장절	네 개의 단편 설교	설명	책망에 따른 징벌의 내용
1:1-1:16	스룹바벨 총독과 여호수아 대제사장의 치하에서, 학개의 제2 성전 건축 호소(학 1:14)	성전 건축이 미뤄지는 것에 대한 책망(학 2:2, 9)	땅이 황폐하고 소득이 줄어듦(학 1:10-11)
2:1-2:9	준공된 제2 성전의 영광(학 2:9)	중축한 성전이 보잘 것 없지만 하나님께서는 이를 영광스럽게 하심(2:3,9)	이스라엘 백성들에게 위로와 용기를 줌(학 2:7-9)
2:10-2:19	부정한 손으로 성전에서 드리는 제사를 하나님께서는 받지 않으심(1:7, 2:13-14)	그들이 하는 모든 일이 부정한 것임을 다시 책망하심(학 2:14)	각종 재앙이 임할 것을 말함(2:17)
2:20-2:23	약속을 통한 미래적이며 종말적인 축복의 약속(학 2:22)	모든 시련의 시간들이 지나고 새로운 축복이 임할 것임(학 2:23)	메시아 왕국이 임해(2:23, '그 날에') 이방 나라들이 심판을 받을 것임(학 2:21-22)

2) 스가랴

장절	주제	설명	장차 오실 메시아 예수 그리스도에 대한 여러 지칭들
1 : 1 – 6:15	스가랴가 본 여덟 개의 밤의 환상(vision)	1:1–6 회개하여 돌이킬 것을 말함	
		1:7–6:8 여덟 개의 환상	3:1–2 여호와의 사자, 3:8 의로운 가지(6:12–13), 3:9 일곱 눈을 가진 돌
		6:9–6:15 스룹바벨이 유다 총독이었을 때, 여호사닥의 아들 대제사장 여호수아가 면류관을 받음(학 2:23)	6:13 제사장
7 : 1 – 8:23	금식에 관한 메시지 (message)	금식도 중요하지만, 진리와 화평을 사랑하는 것이 더 중요함(슥 8:19)	
9 : 1 – 14:21	두 개의 이스라엘의 미래에 대한 예언으로서의 묵시적 신탁(apocalyptic oracle): 종말에 하나님에 의해 거룩하게 지어질 새 성전	9:1–11:17 이스라엘 백성이 메시아로서의 예수 그리스도를 배척할 것을 예언함	9:9–10 겸손한 왕 10:4 모퉁잇돌, 11:4–13 종의 삯에 해당하는 은 삼십 세겔에 팔린 선한 목자, 11:16 목자
		12:1–14:21 그럼에도 그날에 이르러 메시아의 통치가 바로 설 것임을 예언함	12:10 찔린 자, 13:1 정결케 하는 샘, 13:7 버림받고 죽임당한 목자, 14장 천하의 왕

위 표에서 보듯 스가랴서는 장차 오실 예수 그리스도를 참 하나님, 참 인간으로서, 그리고 왕이면서 종으로 묘사하고 있다.

3) 말라기

장절	주제	소구분	설명
1:1-3:18	이스라엘의 죄와 오염된 제사에 대한 비판(요절, 1:13-14) 이스라엘의 죄와 오염된 제사에 대한 비판(요절, 1:13-14)	1:1-1:5 이스라엘을 향한 하나님의 사랑	이스라엘의 본래 모습 (과거)
		1:6-3:15 제사장들의 죄 (1:6-2:9)와 백성들의 죄 (2:10-3:15), 위인을 기념책에 기록(3:16-3:18)	이스라엘의 타락된 모습(현재)과 그에 대한 심판
4:1-4:6	하나님의 은총에 의해 거룩하게 될 종말의 참된 제사(요절, 3:1-5) 하나님의 은총에 의해 거룩하게 될 종말의 참된 제사(요절, 3:1-5)	4:1-4:3 오실 예수 그리스도에 대한 예언	이스라엘의 회복과 치유에 대한 약속(미래) 이스라엘의 회복과 치유에 대한 약속(미래)
		4:4-4:6 오실 엘리야에 대한 예언	

4. 가지 뻗기

학개 2장 12-15절은 다음과 같이 말한다. "사람이 옷자락에 거룩한 고기를 쌌는데 그 옷자락이 만일 떡에나 국에나 포도주에나 기름에나 다른 음식물에 닿았으면 그것이 성물이 되겠느냐 하라 학개가 물으매 제사장들이 대답하여 이르되 아니니라 하는지라. 학개가 이르되 시체를 만져서 부정하여진 자가 만일 그것들 가운데 하나를 만지면 그것이 부정하겠느냐 하니 제사장들이 대답하여 이르되 부정하리라 하더라. 이에 학개가 대답하여 이르되 여호와의 말씀에 내 앞에서 이 백성이 그러하고 이 나라가 그러하고 그들의 손의 모든 일도 그러

하고 그들이 거기에서 드리는 것도 부정하니라. 이제 원하건
대 너희는 오늘부터 이 전 곧 여호와의 전에 돌이 돌 위에 놓
이지 아니하였던 때를 기억하라." 이스라엘인들은 성전을 지
으며 그 성전이 그들의 부정을 제하여 줄 것이라 생각하였다.
그러나 오히려 학개는 그 성전이 이스라엘의 불의로 인하여
더럽혀질 수 있음을 언급한다. 학개는 외형적인 성전의 건축
이 중요한 것이 아니라, 마음의 정결 및 의로운 삶이 중요함을
강조하였다. 외형적 성전보다 더 중요한 것이 깨끗한 손으로
성전에서 드리는 제사다(학 2:14). 이에 학개는 포로기 이후 개
축한 제2 성전이 인간의 눈으로 보기에는 하잘 것 없지만, 그
성전을 통하여 크신 하나님의 영광을 보고 있다.

> 너희 가운데에 남아 있는 자 중에서 이 성전의 이전 영광을 본 자가
> 누구냐 이제 이것이 너희에게 어떻게 보이느냐 이것이 너희 눈에 보
> 잘 것 없지 아니하냐(학 2:3). 이 성전의 나중 영광이 이전 영광보다
> 크리라 만군의 여호와의 말이니라 내가 이 곳에 평강을 주리라 만군
> 의 여호와의 말이니라(학 2:3-5).

스가랴서는 크게 두 부분으로 나누인다. 1-8장에는 밤의 환
상이라 하여 8개의 환상에 대한 묘사가 나온다. 9-14장에는
종말에 대한 묵시적 예언을 말한다. 앞의 부분은 산문으로 되
어 있으며, 뒷부분은 시로 되어 있다. 앞 부분의 핵심적 귀절
은 스가랴 8장 14-17절이다. 그 본문에서 스가랴는 이스라엘

에게 내려진 재앙이 하나님의 말씀을 준행하지 않은 데에 있음을 말하며, 하나님으로부터 은혜를 받고자 한다면 행동을 바르게 할 것을 언급한다(슥 1:1-6). 이 전반부에서 스가랴는 하나님의 말씀에 대한 순종이 진정한 성전을 건축하는 일에 전제되는 것임을 말한다. "먼 데 사람들이 와서 여호와의 전을 건축하리니 만군의 여호와께서 나를 너희에게 보내신 줄을 너희가 알리라 너희가 만일 너희의 하나님 여호와의 말씀을 들을진대 이같이 되리라"(슥 6:15). 행위가 따르지 않는 제사에 대해서는 하나님이 심판하시지만(슥 7:8-14), 하나님의 말씀을 청종하면 하나님 보시기에 아름다운 성전이 건축될 것이다.

하지만 스가랴의 후반부는 이 같은 진정된 성전의 건축은 당시의 시대에는 불가능하며, 종말에 가서 주의 날이 올 때에 실현될 것임을 언급한다(학 2:21-23). "그 날에는 말방울까지 여호와께 성결이라 기록될 것이라. 여호와의 전에 모든 솥이 제단 앞 주발과 다름이 없을 것이니, 예루살렘과 유다의 모든 솥이 만군의 여호와의 성물이 될 것인즉 ...."(슥 14:20-21). 이러한 성결과 성결한 사람들이 거하는 완전한 성전의 건설은 인간의 힘으로는 불가능하며 하나님의 은총 안에서만 가능하다. 스가랴 13장 1절은 다음과 같이 말한다. "그 날에 죄와 더러움을 씻는 샘이 다윗의 족속과 예루살렘의 주민을 위하여 열리리라."

앞의 학개와 스가랴는 성전의 문제와 이스라엘의 바른 행동을 대비한 반면, 말라기는 이스라엘의 제사와 그들의 바른 행위를 연관시키고 있다. 바른 행동 속에서 바른 성전이 서는 것처럼, 바르게 행동함 속에 바른 제사와 예배가 드려지는 것임을 멀라기는 강조한다(말 2:6-8). 말라기 3장 3절은 의로운 제물을 여호와께 드릴 것을 언급한다. 선한 노동의 결과 바쳐진 제물만을 하나님께서는 열납하시지 불의의 제물을 그는 기뻐하시지 않으신다. 또한 우리는 하나님께 온전한 십일조를 바쳐야 하는 것이다(말 3:8-10).

5. 꽃으로 피어나기

학개, 스가랴, 말라기, 모두 참된 성전은 메시아이신 예수 그리스도의 오심을 통해 실현됨을 말한다. 먼저 학개 2장 9절과 2장 23절은 예수 그리스도의 오심에 대해 예언한다. 그가 오셔서 이전 영광보다 더 큰 영광의 성전이 건축될 것이며, 당시 귀환한 유다 총독이었던 스알디엘의 아들 스룹바벨의 가계에서 예수 그리스도가 태어날 것임을 학개는 말하고 있다(마 1:12).

스가랴서에서는 예수 그리스도께서 여러 이름으로 지칭되며 나타나는데, 그 날이 오면 성전 내의 모든 기물들까지 거룩하고 성결되게 구별될 것을 말하고 있다(슥 14:20-21). 이러한 거룩한 성전과 제사는 더러움에 빠져 있는 당시 이스라엘 백성들의 노력으로 되는 것이 아니며, 그 날이 되면 메시아가 오셔서 먼저 우리의 죄와 더러움을 씻어 주실 것임을 스가랴서는 언급한다(슥 13:1-2).

말라기 3장 1-5절에는 주의 사자(메신저)로서의 예수 그리스도의 강림에 대한 예언이 나타난다. 오늘의 우리의 성전과 제사가 다 거룩하지 못하지만, 그때가 되면 하나님의 메신저가 임하여 우리의 성전과 제사를 거룩하게 할 것이라고 한다. 우리의 성결은 우리의 힘으로 되는 것이 아니라, 하나님의 은총에 의해 하나님에게 보내심을 받은 사람에 의해서 이루어질 것임을 이 본문은 말하고 있다(말 4:5-6). 이 말라기의 마지막 두 절에 나타나는 선지자 엘리야에 대해 예수 그리스도께서는 세례 요한을 지칭하는 말로 해석하셨다(마 17:10-13). 이에 있어 엘리야는 메시아의 오심을 예비하는 자로서 종말에 그리스도가 재림하셔서 대심판을 하시기 전 회개를 선포하는 신의 사자가 나타날 것을 언급하는 말씀이다.

6. 열매 맺기

아모스서가 하나님에 대한 예배의 일상화를 강조하는 것처럼, 이 장의 세 예언자들도 우리의 거룩한 삶에서 비롯된 제사와 예배가 하나님께 드려져야 함을 말한다. 성경은 예배의 균형성을 강조한다. 하나님을 향한 '복종'과 이웃을 향한 '섬김'의 균형이다. 전자는 예배의 수직적 차원이라면, 후자를 우리는 예배의 수평적 차원으로 부를 수 있다. 예배는 하나님을 향한 수직적 경배만으로 마무리되지 않는다. 하나님을 향한 사랑은 이웃을 향한 사랑과 섬김의 삶으로 이어져야 한다.

이러한 예배의 의미에서와 같이, 학개, 스가랴, 말라기의 세 예언자는 예배에 합당한 우리의 행위에 대해 강조한다. 우리는 예배 시 하나님을 만나 이후 이웃사랑의 행위를 하게 되는 것이 아니며, 이미 예배라는 요소 속에 하나님 사랑과 이웃사랑의 요소들이 포함되어 있음을 깨달을 필요가 있다. 그러므로 하나님에 대한 순종에 따른 이웃 섬김의 행위에 실패한 자는 반쪽의 예배만을 드리는 자인 것이다.

7. 열매 나누기

1) 진정된 예배를 위한 조건에 대해 말해보자.

2) 성전의 외적 화려함보다 더 중요한 것이 무엇인가.

3) 참되게 바쳐지는 헌금이 되려면 어떤 조건이 필요한가.

4) 하나님께서 이스라엘의 성전을 무너뜨리신 이유에 대해 논의해보자.

5) 우리의 마음의 성전을 잘 가꾸는 방법에 대해 이야기해 보자.

8. 참고문헌

1) 권혁승,『학개의 신앙과 신학』. 서울: 프리칭아카데미, 2011.
2) 김서택. "말라기 선지는 무엇을 말하고 있는가,"『그 말씀』, 제 122호 (1999. 8.),
3) 틸먼, 윌리엄 M. "윤리적 관점으로 본 말라기서,"『그 말씀』제 122호 (1999. 8.), 46-49.
4) Baldwin, Joyce G. *Haggai, Zechariah, Malachi*. TOTC. InterVarsity Press, 1981.
5) Butterworth, Mike. *Structure and the Book of Zechariah*. Sheffield: Sheffield Academic, 1992.

6) Kaiser, Walter C. Jr. *Malachi: God's Unchanging Love.* Grand Rapids: Baker, 1984.

7) Verhoef, Pieter A. *The New International Commentary on the Old Testament: The Books of Haggai and Malachi.* Grand Rapids: Eerdmans, 1987.

8) Wolff, Hans Walter. *Haggai: A Commentary,* trans. by Margaret Kohl Minneapolis: Augsburg, 1988.

9) Floyd, Michael H. "Zechariah and Changing Views of Second Temple Judaism in Recent Commentaries," *Religious Studies Review,* vol. 25 no. 3 (1999. 7.), 253ff.

10) James, Fleming. "Thoughts on Haggai and Zechariah," *Journal of Biblical Literature,* vol. 53 no. 3 (1934. 10.), 229ff.